工伤权益与工伤风险管理

周欣　许东黎　主编

天津大学出版社
TIANJIN UNIVERSITY PRESS

内容提要

本书包括“工伤认定及权益”和“工伤保险待遇与工伤风险管理”两大模块。工伤认定及权益参照《工伤保险条例》中第十四、十五、十六条的内容来详细阐述，且按照法条、关键概念理解与适用、典型案例、阅读思考案例来编写。

本书适合养老护理、人力资源、社会保障专业的高职、中职院校师生使用，也适合养老服务行业从业人员培训使用。

图书在版编目（CIP）数据

工伤权益与工伤风险管理 / 周欣，许东黎主编. 天津 : 天津大学出版社，2024. 8. -- ISBN 978-7-5618-7776-0

Ⅰ. D922.544

中国国家版本馆CIP数据核字第2024HJ5580号

出版发行	天津大学出版社
地　　址	天津市卫津路92号天津大学内（邮编：300072）
电　　话	发行部：022-27403647
网　　址	www.tjupress.com.cn
印　　刷	北京虎彩文化传播有限公司
经　　销	全国各地新华书店
开　　本	787mm×1092mm　1/16
印　　张	9.25
字　　数	219千
版　　次	2024年8月第1版
印　　次	2024年8月第1次
定　　价	48.00元

前　言

工伤事故会给职工、家属和用人单位造成不可弥补的伤害和损失。工伤保险是社会保险制度的重要组成部分，也是建立于企业事业单位之外的社会保障体系的基本制度之一。党和政府历来十分重视因公伤残职工的生活保障。我国自2000年进入老龄化社会以来，老龄化程度日益加重。近年来，国家出台了一系列政策支持养老机构的建设与发展，但我国养老机构的发展仍然存在很多问题。工伤事故给用人单位造成重大损失是制约养老服务机构发展的因素之一。

本书在编写过程中响应教育部《职业院校教材管理办法》（教材〔2019〕3号）的要求，采用工作手册式编写，代表章节均有原创动画视频。

感谢北京劳动保障职业学院“北京劳动保障职业学院老年服务与管理专业群课程资源和平台建设（2019—2020）项目”对本书出版的资助。感谢文中案例提供者的分享。

由于编者水平有限，加之时间仓促，不足之处在所难免，恳请读者指正。

编　者

2023年9月

目　录

模块一　工伤认定及权益

模块二　工伤保险待遇与工伤风险管理

模块一　工伤认定及权益

单元一　应当认定为工伤

单元二　视同工伤

单元三　不属于工伤

单元一　应当认定为工伤

情景一　在工作时间和工作场所内，因工作原因受到事故伤害的

情景二　工作时间前后在工作场所内，从事与工作有关的预备性或者收尾性工作受到事故伤害的

情景三　在工作时间和工作场所内，因履行工作职责受到暴力等意外伤害的

情景四　患职业病的

情景五　因工外出期间，由于工作原因受到伤害或者发生事故下落不明的

情景六　在上下班途中，受到非本人主要责任的交通事故或者城市轨道交通、客运轮渡、火车事故伤害的

情景七　法律、行政法规规定应当认定为工伤的其他情形

情景一 在工作时间和工作场所内，因工作原因受到事故伤害的		
姓名	班级	日期

情景一 在工作时间和工作场所内，因工作原因受到事故伤害的

《工伤保险条例》第十四条 职工有下列情形之一的，应当认定工伤：

（一）在工作时间和工作场所内，因工作原因受到事故伤害的。

理解与适用

[工作时间]

工作时间是指法律规定的或者单位要求职工工作的时间。我国规定，劳动者每日工作时间不超过 8 小时，平均每周工作时间不超过 40 小时。据此，单位规定上下班的具体时间；实行不定时工作制的单位，单位确定的工作时间，为职工的工作时间。

《最高人民法院行政审判庭关于职工外出学习时间休息期间受到他人伤害应否应认定为工伤问题的答复》（〔2007〕行他字第 9 号）明确，职工受单位指派外出学习期间，在学习单位安排的休息场所休息时间受到他人伤害的，应当认定为工伤。

[工作场所]

工作场所指职工日常工作所在的场所，以及领导临时指派其所从事工作的场所。

根据《最高人民法院关于审理工伤保险行政案件若干问题的规定》中第四条规定，在工作时间内，职工来往于多个与其工作职责相关的工作场所之间的合理区域因工受到伤害的，社会保险行政部门认定为工伤的，人民法院应予以支持。

【案例 1】放弃社保协议无效①

劳动者：李某，女，1969 年出生。

雇主方：北京市西城区某养老照料中心（以下简称养老中心）。

李某于 2018 年 4 月 24 日入职养老中心，岗位为护理员，当日双方签订劳动合同，合同期限为 2018 年 4 月 24 日至 2019 年 4 月 23 日。李某提出不缴纳社会保险（以下简称社保）的要求，并于入职当日签署《关于不缴纳社保的请求及承诺书》，其上载明：本人李某因个人原因已在其他单位缴纳社保，请求不再由养老中心缴纳社保，“本人自愿放弃养老中心所提供的社保，如因此产生的所有损失与养老中心无关，由个人承担”等内容。

2018 年 6 月 6 日，李某在工作中受伤。2018 年 7 月 13 日起养老中心开始缴纳社保，并补缴了 2018 年 4 月至 6 月的社保。2018 年 8 月 16 日，西城区人力资源和社会保障局认定李某受到的事故伤害属于工伤。李某被诊断为腰 3 椎体爆裂性骨折。2018 年 11 月 2 日，北京市西城区劳动能力鉴定中心作出《劳动能力鉴定、确认结

① 案例改编自中国裁判文书网（2019）京 02 民终 15227 号。

情景一　在工作时间和工作场所内，因工作原因受到事故伤害的		
姓名	班级	日期

论通知书》，确认李某所受伤害达到职工工伤与职业病致残等级标准九级。

养老中心称扣除为李某补缴 2018 年 4 月至 6 月社保的个人缴费部分及滞纳金共计 1 408 元，实发李某 2018 年 6 月工资 2 092 元，因未缴纳社保系李某提出，故滞纳金应由李某承担。养老中心于一审中提交了李某 2018 年 4 月 24 日签署的《关于不缴纳社保的请求及承诺书》，其上载明：本人李某因个人原因已在其他单位缴纳社保，请求不再由养老中心缴纳社保，“本人自愿放弃养老中心所提供的社保，如因此产生的所有损失与养老中心无关，由个人承担”等内容。李某认可该承诺书的真实性，但称系养老中心让其签署，滞纳金应由养老中心承担。

《工伤保险条例》第六十二条第二款规定：依照本条例规定应当参加工伤保险而未参加工伤保险的用人单位职工发生工伤的，由该用人单位按照本条例规定的工伤保险待遇项目和标准支付费用。

李某虽于 2018 年 12 月 14 日向养老中心提出解除劳动合同的申请，但其于 2019 年 1 月 4 日又提出延长停工留薪期一个月，以及提交相关病例，并得到养老中心批准，故法院认定双方劳动合同于 2019 年 2 月 3 日停工留薪期满解除。依据《工伤保险条例》第三十七条第（二）项规定：劳动、聘用合同期满终止，或者职工本人提出解除劳动、聘用合同的，由工伤保险基金支付一次性工伤医疗补助金，由用人单位支付一次性伤残就业补助金。一次性工伤医疗补助金和一次性伤残就业补助金的具体标准由省、自治区、直辖市人民政府规定。《工伤保险条例》第六十二条第三款规定：用人单位参加工伤保险并补缴应当缴纳的工伤保险费、滞纳金后，由工伤保险基金和用人单位依照本条例的规定支付新发生的费用。

法院一审判决养老中心向李某承担相应工伤责任，二审维持原判。

情景一　在工作时间和工作场所内，因工作原因受到事故伤害的		
姓名	班级	日期

【案例 2】用人单位聘用超过法定退休年龄的务工农民认定工伤[①]

劳动者：潘某，女，1960 年出生，务工农民。

雇主方：乌鲁木齐市某老年公寓（以下简称老年公寓）。

2016 年 6 月 14 日，潘某入职老年公寓从事保洁工作，双方签订了期限自 2016 年 6 月 14 日至 2018 年 2 月 18 日的劳动合同。2017 年 10 月 10 日，潘某在工作中不慎从老年公寓的三楼楼梯处摔下，于次日被送到新疆维吾尔自治区职业病医院接受治疗，被诊断为左足第五跖骨基底部骨折。潘某于 2018 年 4 月 18 日到乌鲁木齐市人社局申请工伤认定，被要求补齐材料。潘某于 2018 年 6 月 4 日向乌鲁木齐市沙依巴克区劳动人事争议仲裁委员会（下称沙区仲裁委）提出确认劳动关系之诉。沙区仲裁委认定潘某与老年公寓之间存在劳动关系。潘某于 2018 年 7 月 26 日补齐材料，后被乌鲁木齐市人社局认定为工伤。

老年公寓的观点如下。①不认可工伤。潘某，女，务工农民，1960 年 3 月出生。于 2016 年 6 月 14 日受雇到老年公寓从事保洁工作。2017 年 10 月 11 日中午 12：30 分许，潘某向老年公寓办公室反映其于 2017 年 10 月 10 日中午上班时不慎扭伤左足。后经老年公寓全面调查，未有一人看到潘某在老年公寓发生脚扭伤的情况，且潘某在中午午休时间（14：00—15：30）和下班（19：00）后任意时间外出和处理个人事务，故对于潘某所谓工作受伤不予认可。②潘某于 2016 年 6 月 14 日受雇到老年公寓从事保洁工作时，已年满 56 岁，依据《中华人民共和国劳动法》第十八条、《中华人民共和国劳动合同法》第四十四条第（六）项、《中华人民共和国劳动合同法实施条例》第二十一条，以及《劳动和社会保障部办公厅文件（劳社厅函〔2001〕125 号）》等劳动法律、法规、规章规定，潘某在老年公寓工作期间，年龄已远超女职工法定退休年龄 50 岁界限，老年公寓与潘某之间实际形成劳务关系，而非劳动合同关系，即使双方签订了劳动合同也因潘某违反劳动法律法规而导致签订的劳动合同无效，即使有效也因劳动者法定年龄超限而终止。

最高人民法院行政审判庭《关于超过法定退休年龄的进城务工农民因工伤亡的，应否适用〈工伤保险条例〉请示的答复》(〔2010〕行他字第 10 号）规定："用人单位聘用的超过法定退休年龄的务工农民，在工作时间内、因工作原因伤亡的，应当适用《工伤保险条例》的有关规定进行工伤认定。"本案例中，潘某系老年公寓聘用的超过法定退休年龄的务工农民，应当适用《工伤保险条例》对其进行工伤认定。《工伤保险条例》第十九条第二款规定，职工或者其近亲属认为是工伤，用人单位不认为是工伤的，由用人单位承担举证责任。老年公寓认为潘某不构成工伤，应当承担相应的举证责任。而老年公寓给乌鲁木齐市人社局提交的举证材料载明"经公寓全面调查，无一人看见和证明潘某在公寓发生的脚扭伤情况，且潘某可以在中午休

① 案例改编自（2019）新 0103 民初 11181 号、（2019）新 01 行终 167 号。

情景一 在工作时间和工作场所内，因工作原因受到事故伤害的		
姓名	班级	日期

息（14：00-15：30）和下班时间（19：00）后任意时间外出和处理事务”，但未提交任何视频监控或者其他证据证明潘某是在非工作时间或在养老公寓外受伤，老年公寓应当承担举证不能的后果。乌鲁木齐市人社局综合现有证据，从有利于保护受伤劳动者的利益出发，认定潘某是由于正常提供劳动而受伤的。

一审法院认定老年公寓向潘某赔偿2万余元的工伤医疗费，二审、再审均维持原判。

【案例3】用人单位不认为是工伤的，由用人单位承担举证责任①

劳动者：夏某，女，1964年出生。

雇主方：自贡某养老文化创意产业有限公司（以下简称养老公司）。

夏某经人介绍于2013年12月9日起到养老公司从事护理工作。2014年4月18日19：00左右，夏某在养老公司楼顶为老年人收衣服时受伤，经自贡市第四人民医院诊断为：骶5椎体骨折。2014年11月3日，自贡市劳动人事争议仲裁委员会裁决养老公司与夏某之间存在劳动关系。2015年7月20日，自贡市中级人民法院作出终审判决，确认了夏某与养老公司之间具有劳动关系。2015年9月2日，自贡市某区人力资源和社会保障局确认夏某在2014年4月18日所受伤害为工伤。此外，夏某自2014年12月起开始领取基本养老保险。

养老公司对上诉判决不服，其认为：夏某初次就诊时间是2014年4月20日，这与其主张的2014年4月18日上班时间受伤之间没有因果联系。

夏某述称：她在2014年4月18日晚上7点左右摔倒，当时邓姓老人让其报工伤，她称先休息两天。夏某于4月19日休息，4月20日去医院就诊。养老公司的各级领导都跟邓姓老人核实过此情况。夏某因与用人单位协商不成才申请仲裁。

《工伤保险条例》第五条第二款规定，县级以上地方各级人民政府社会保险行政部门负责本行政区域内的工伤保险工作。自贡市某区人力资源和社会保障局具有作出工伤认定的行政职权。自贡市某区人力资源和社会保障局受理工伤认定申请后，经调查核实，其收集的证据初步证明夏某在2014年4月18日因工受伤的事实。且夏某陈述受伤后至就医的过程符合情理。根据《工伤保险条例》第十九条第二款“职工或者其近亲属认为是工伤，用人单位不认为是工伤的，由用人单位承担举证责任”的规定，养老公司认为夏某初次就诊，与其主张的工伤没有因果联系，应当提交证据予以证明。但养老公司并未提供证据，应当承担举证不能的后果。

因此法院一审、二审均认定夏某为工伤。

① 案件改编自（2015）自民一终字第277号、（2016）川03行终50号。

情景一　在工作时间和工作场所内，因工作原因受到事故伤害的		
姓名	班级	日期

阅读思考

不合规用工，诉讼不断[①]

梁某与湖北咸宁月亮湾养老有限公司（以下简称月亮湾养老公司）的诉讼案件情况如下。

法院认定事实如下：

2016 年 8 月 26 日，原告梁某入职月亮湾养老公司从事保洁工作，约定月工资为 1 800 元。原告入职后，被告未与原告签订劳动合同及缴纳社会保险费。2016 年 12 月 22 日，原告在月亮湾养老公司工作中不慎受伤，事后原告在不同的医疗诊所治疗共垫付治疗费用 4 818 元。2017 年 1 月 1 日，被告以公司不需要人为由将原告梁某辞退。2017 年 11 月 13 日，咸宁市咸安区人力资源和社会保障局出具的咸安人社工（2017）123 号《认定工伤决定书》认定，原告梁某工作中受伤为工伤。2018 年 2 月 6 日，经咸宁市劳动能力鉴定委员会鉴定，原告梁某的伤残等级为等外级。2018 年 3 月 7 日，经湖北省劳动能力鉴定委员会再次鉴定，原告梁某的伤残情况为未达标。原告梁某因未签订劳动合同，就双倍工资、解除劳动关系、经济赔偿金及工伤医疗费等问题与被告发生争议，于 2018 年 6 月 25 日向咸宁市咸安区劳动争议仲裁委员会申请仲裁。该委员会于 2018 年 8 月 21 日作出裁决，原告梁某对裁决结果不服向本院提起诉讼。

本院认为，根据《中华人民共和国劳动合同法》第八十二条规定：用人单位自用工之日起超过一个月不满一年未与劳动者订立书面劳动合同，应当向劳动者每月支付二倍的工资。原告入职后被告未与原告签订劳动合同，故对原告主张因被告未与其签订劳动合同而支付双倍工资的诉讼请求予以支持，原告入职时间为 2016 年 8 月 26 日，故被告应当支付 2016 年 9 月 26 日至 2017 年 1 月 1 日共四个月的双倍工资，因被告已支付正常工资，故只需支付双倍工资差额，即 1 800 元 ×4=7 200 元。原告梁某因工受伤治疗期间，被告存在违法解除劳动合同的情形，应当按照《中华人民共和国劳动合同法》第八十七条的规定支付赔偿金，因此对原告主张被告支付违法解除劳动合同的经济赔偿金的诉讼请求予以支持。因原告在被告处工作不满 6 个月，根据《中华人民共和国劳动合同法》第四十七条、第八十七条的规定，被告应当按半个月工资二倍的标准向原告支付经济赔偿金，即 1 800 元 ÷2×2=1 800 元。

《中华人民共和国社会保险法》（以下简称《社会保险法》）第四十一条规定：职工所在用人单位未依法缴纳工伤保险费，发生工伤事故的，由用人单位支付工伤保险待遇。用人单位不支付的，从工伤保险基金中先行支付。因原告的受伤事实经劳

① 案件改编自（2018）鄂 1202 民初 4073 号。

动行政部门确认为工伤，且被告没有为原告缴纳社会保险费，故被告应当支付原告工伤保险待遇。根据《湖北省工伤保险实施办法》第三十四条规定，对原告主张被告支付因工受伤产生的医疗费用 4 818 元予以支持。对原告主张被告支付交通费 1 000 元，结合原告受伤的实际情况，该主张不违反法律规定，本院予以认可，故被告支付原告交通费 1 000 元。对原告主张被告支付营养费 2 000 元，因没有事实和法律依据，故本院对此不予支持。对原告主张被告支付后期治疗费 20 000 元，因原告没有提供鉴定机构的鉴定意见，且没有医院医嘱予以证实，故对原告该诉求不予支持。对原告主张被告支付误工费 21 600 元，因原告伤残情况最终鉴定结论为未达标，且未能提供停工留薪期的鉴定结论，本院酌定其停工留薪期为一个月，故被告应支付原告停工留薪期工资 1 800 元。

关于离退休人员工伤（职业病）的九个国家级文件如下。

文件 1：国务院法制办公室对《关于重新进入劳动生产领域的离休人员能否享受工伤保险待遇的请示》的复函。

文件 2：国务院法制办公室对《四川省人民政府法制办公室关于职工退休后被诊断为职业病应如何解决工伤待遇有关问题的请示》的复函。

文件 3：劳动和社会保障部办公厅关于资源枯竭矿山企业有工伤（职业病史）且已办理离退休手续人员能否进行工残等级鉴定问题的复函。

文件 4：人力资源社会保障部关于执行《工伤保险条例》若干问题的意见（二）（人社部发〔2016〕29 号）。

文件 5：最高人民法院关于超过法定退休年龄的进城务工农民在工作时间内因工伤亡的，能否认定工伤的答复（〔2012〕行他字第 13 号）。

文件 6：最高人民法院行政审判厅关于超过法定退休年龄的进城务工农民因工伤亡的，应否适用《工伤保险条例》请示的答复（〔2010〕行他字第 10 号）。

文件 7：最高人民法院行政审判厅关于离退休人员与现工作单位之间是否构成劳动关系以及工作时间内受伤是否适用《工伤保险条例》问题的答复（〔2007〕行他字第 6 号）。

文件 8：中共中央办公厅、国务院办公厅转发《中央组织部、中央宣传部、中央统战部、人事部、科技部、劳动保障部、解放军总政治部、中国科协关于进一步发挥离退休专业技术人员作用的意见》的通知（中办发〔2005〕9 号）。

情景二　工作时间前后在工作场所内，从事与工作有关的预备性或者收尾性工作受到事故伤害的		
姓名	班级	日期

情景二　工作时间前后在工作场所内，从事与工作有关的预备性或者收尾性工作受到事故伤害的

《工伤保险条例》第十四条　职工有下列情形之一的，应当认定工伤：

（二）工作时间前后在工作场所内，从事与工作有关的预备性或者收尾性工作受到事故伤害的。

理解与适用

[预备性工作]

预备性工作是指职工在工作前的一段合理时间内，从事与工作有关的准备工作，诸如运输、备料、准备工具等。

[收尾性工作]

收尾性工作是指职工在工作后的一段时间内，从事与工作有关的收尾工作，诸如清理、安全贮存、收拾工具和工作服等。

上下班前后交接班的时间，虽然没有进入工作流程，但是职工在为工作做一些预备性或收尾性事情，如备料、替换衣物等。如果是在这个合理的时间内发生的意外事故则应该视为在工作时间或由于工作导致的伤害，应该算工伤。这充分体现了实事求是地、最大限度地保护劳动者的合法权益，同时也符合国际惯例。1964 年国际劳工组织《工伤事故津贴建议书》（第 121 号建议书）的相关规定指出："上班前和下班后的一段合理时间内，当事人在搬运、清洗、准备、整理、维修、堆放或收拾其工具和工作服时发生的事故"视为工伤事故。

【案例 4】提前上班做准备工作受伤被认定为工伤

劳动者：张某，厨师。

雇主方：某养老院。

某养老院的厨师的上班时间是上午 6 点。厨师张某提前到岗，在启动运作厨房设备时遭遇设备爆炸，导致受伤。此种情况下，即使不是在正常的上班时间从事生产经营工作，但也是由于工作原因而导致受伤的，应该认定为工伤。

预备性或收尾性工作是指职工在上班前、下班后的一段合理时间内，从事的搬运、清扫、清洗、准备、整理、维修、堆放或收拾其工具和工作服等辅助性或延续性工作。因为这类活动对于即将开始的工作或后续的工作是有必要的，且存在一定的职业危险，故此，《工伤保险条例》第十四条规定，工作时间前后在工作场所内，从事与工作有关的预备性或者收尾性工作受到事故伤害的，应当认定为工伤。

情景三　在工作时间和工作场所内，因履行工作职责受到暴力等意外伤害的		
姓名	班级	日期

情景三　在工作时间和工作场所内，因履行工作职责受到暴力等意外伤害的

《工伤保险条例》第十四条　职工有下列情形之一的，应当认定工伤：

（三）在工作时间和工作场所内，因履行工作职责受到暴力等意外伤害的。

理解与适用

[因履行工作职责受到暴力等意外伤害的]

因履行工作职责受到暴力等意外伤害的包含两层含义：一是职工因履行工作职责，使某些人的不合理的或违法的目的没有达到，这些人出于报复而对该职工进行的暴力人身伤害；二是在工作时间和工作场所内，职工因履行工作职责受到的意外伤害，诸如地震、厂区失火、车间房屋倒塌以及由于单位其他设施不安全而造成的伤害等。《劳动和社会保障部办公厅关于对〈工伤保险条例〉有关条款释义的函》（劳社厅〔2006〕497 号）中指出，"因履行工作职责受到暴力等意外伤害"中的因履行工作职责受到暴力伤害是指受到的暴力伤害与履行工作职责有因果关系。

【案例 5】工作期间被暴力伤害 ①

劳动者：护工。

雇主方：赤峰市红山区某老年公寓。

据澎湃新闻报道：2020 年 7 月 9 日 23 时，赤峰市红山区某老年公寓发生一起命案。院民王某某持剪刀行凶，造成该院院民及护工 3 死 4 伤（2 人当场死亡，1 人抢救无效于 10 日 5 时许死亡），该命案嫌疑人王某某（男，81 岁），已被公安机关当场抓获。

点评：受伤及被害护工，符合劳动者主体即可申报工伤。

《工伤保险条例》第十四条第（三）项规定："在工作时间和工作场所内，因履行工作职责受到暴力等意外伤害的"应当认定为工伤。首先，认定什么是暴力伤害下的工伤。暴力伤害下的工伤一般需要考虑以下几个方面：一是时间界限，一般限于发生在工作时间之内；二是空间界限，一般限于生产、工作区域之内；三是职业（业务）界限，一般限于执行职务（业务）而发生的伤害；四是主观过错界限，即职工本人不具有故意行为。其次，根据《工伤保险条例》的规定，我国确立的一般工伤（即典型意义上的职业伤害），是以工作与伤害之间存在因果关系为条件的。如果伤害仅仅发生在工作时间工作场所内，但不是因工作原因或"因履行工作职责"造

① 中国青年网. 赤峰养老公寓 81 岁老人行凶致 3 死 4 伤：受害人包括护工[EB/OL].[2020-07-11][2023-10-05] https://baijiahao.baidu.com/s?id=1671897199911068456&wfr=spider&for=pc.

情景三　在工作时间和工作场所内，因履行工作职责受到暴力等意外伤害的		
姓名	班级	日期

成的，则不属于工伤。在工作中发生的暴力伤害包括以下两个特性：一是工作对暴力事件的产生具有一定的“导火索”作用，否则暴力不一定会发生；二是伤害与工作之间的联系是间接的，伤害是由暴力行为直接导致的，而不是由工作操作导致的。

阅读以下材料，谈一谈你的想法。

争议案例

在公司上班时间，员工打架导致受伤，算不算工伤？ ①

汕头发生了一起案件，起因是员工因货物打包问题发生冲突，其中一人被刺成重伤。澄海区人力资源和社会保障局（以下简称澄海市人社局）予以认定为工伤，在复议之后，公司依然不服并提起行政诉讼，此案经过法院一审、二审、再审等司法程序。

案件详情如下。赵某是汕头一家玩具公司雇佣的工人。2012 年 6 月 25 日下午，赵某在工作过程中因货物打包问题与同事杨某发生口角后发生肢体冲突，用胶纸机划伤杨某的面部，随后杨某用剪刀刺中赵某的后背及腹部，双方有不同程度受伤。事发后，受伤的赵某被送往汕头大学医学院第二附属医院治疗。2012 年 7 月 12 日，该医院出具诊断证明书，诊断结论为：外伤性胸脊髓损伤；左第 8 胸椎椎板骨折；左下肢不全瘫；左侧胸腔积液；全身多处皮肤软组织裂伤。后经汕头市公安局澄海分局法医鉴定，属于重伤。

2013 年 1 月 30 日，赵某向澄海区人社局提出工伤认定申请，同日澄海区人社局作出受理决定。不过由于当时杨某涉嫌故意伤害一案处于刑事公诉阶段，澄海区人社局作出了对其工伤认定申请中止处理的决定。

2013 年 2 月 27 日，汕头市澄海区人民法院对杨某涉嫌故意伤害一案作出一审

① 新快报. 工作中与同事打架导致重伤，算不算工伤？（争议案例）[EB/OL][2019-08-21][2023-10-05]. https://www.sohu.com/a/335351786_120060145.

情景三　在工作时间和工作场所内，因履行工作职责受到暴力等意外伤害的		
姓名	班级	日期

刑事判决。

2013 年 5 月 9 日，澄海区人社局作出认定工伤决定书，认定赵某是在工作时间和工作场所内，因履行工作职责受到暴力等意外伤害的，予以认定为工伤。

该玩具公司对此决定书不服，向汕头市人民政府申请复议。汕头市政府作出行政复议决定书，维持了认定工伤决定书。

一审判决：暴力伤害不影响工伤认定。因不服复议结果，该玩具公司提起行政诉讼，请求撤销认定工伤决定书。

汕头市濠江区人民法院一审认为：本案争议的焦点是赵某所受到的暴力伤害能否认定为工伤的问题。

根据《工伤保险条例》第十四条第（三）项规定的“暴力”并未界定何种性质的暴力行为，亦未明确将因触犯刑律上的“暴力”伤害排除在外。故此，一审法院认为，应从广义观点理解条例所规定的“暴力”行为，该规定的出发点是告诫用人单位保护劳动者的人身安全，适当向处于社会弱势的劳动者一方倾斜。且赵某与杨某的打架斗殴行为也并没有因此而受到刑事制裁，不存在该条例规定的不得认定为工伤的问题。故赵某与案外人杨某之间因货物打包问题引致打架斗殴而导致的暴力伤害不影响对其工伤性质的认定。

综上，法院认为，人社部门对赵某在工作时间和工作场所内因履行工作职责受到的暴力伤害认定为工伤事实清楚，使用法律正确，依法应予维持。

该玩具公司不服一审判决，向汕头市中级人民法院提起上诉。

二审判决：受伤与工作不存在直接联系，不是工伤。

相对于一审判决，汕头市中级人民法院认为，事件虽然发生在工作时间和工作场所内，与工作有着某些联系，但并不是直接的因果关系。

汕头市中级人民法院表示，在认定此类工伤案件中，应将因个人恩怨所引起的造成他人伤害，与在工作过程中因工作环境、工作条件等受到的意外伤害两种情形严格区分开来。本案中赵某所受伤害的直接原因是杨某故意犯罪所致的，且赵某自身存在一定过错，致使事情由普通口角演变成一起刑事案件，最后导致赵某伤残。

因此，赵某受到的伤害并非因履行工作职责受到的意外伤害，也并非因履行工作职责受到的事故伤害，其情形不符合《工伤保险条例》和《广东省工伤保险条例》中提到的“在工作时间和工作场所内，因履行工作职责受到暴力等意外伤害的”的规定。

将本案认定为工伤，实际上是将故意伤害案件的经济责任归于企业承担，显失公正，也不符合合理性原则。汕头市中级人民法院表示，赵某因杨某故意伤害犯罪所造成的人身损害赔偿，可依法通过其他法律途径解决，作出二审判决，撤销了一审判决，并撤销了人社局的认定工伤决定书。

对于二审的完全改判，赵某不服，向检察机关申诉。2015 年 9 月 16 日，广东

情景三　在工作时间和工作场所内，因履行工作职责受到暴力等意外伤害的		
姓名	班级	日期

省人民检察院向广东省高级人民法院提起抗诉，此后广东省高级人民法院提审此案。

广东省高级人民法院再审：焦点在于“是否因履行工作职责”而受到暴力伤害。

广东省检察院抗诉认为，认定赵某是否属于工伤的关键是看其受到的伤害是否属于“因履行工作职责受到暴力等意外伤害”。虽然赵某的行为具有一定过错，但并非犯罪行为，该过错并不能成为不认定为工伤的理由。

赵某受伤是因工作问题争执造成的，并不是由个人恩怨引起的，与其履行工作职责具有一定的因果关系，符合因履行工作职责受到暴力伤害的情形。

对此，该玩具公司答辩认为，抗诉及赵某的再审请求明显违背事实和法律，是故意对法律和事实进行重大曲解、断章取义及混淆，故应依法驳回。

对此，广东省高级人民法院再审认为，本案中赵某受到伤害的起因，是其在工作时间和工作场所内，正在履行工作职责时，因货物打包这一工作问题受到同事杨某的责备，继而争吵、打架。虽然赵某存在过错，但其过错不属于不得认定为工伤的情形，不影响其工伤认定。

广东省高级人民法院认为，二审判决以赵某所受伤害与工作没有直接的因果关系，不予认定本案中赵某受伤是因履行工作职责所引起的，对工伤认定中因果关系的把握过于严格，不利于合理合法地保障职工因工作遭受事故伤害获得医疗救治和经济补偿的权利。

本案审理中，也没有证据表明赵某与杨某二人存在其他的私人恩怨，认为是因个人恩怨造成暴力伤害，亦缺乏依据。

为此，广东省高级人民法院作出判决，撤销汕头市中级人民法院的行政判决，维持一审判决，予以认定为工伤。

争议案例

因工作内容纠纷斗殴受伤，未认定工伤

A系江阴市某公司员工，工种为服装裁剪工。某日14时许，A和同事B在公司上班期间，因裁剪纸板发生纠纷，随后大打出手，双方互相揪扭抱摔，A在这期间头部着地受到重伤。申请人A因在工作期间遭受暴力伤害申请工伤认定，江阴市人力资源和社会保障局依法受理了该申请。

A与B所在公司对该工伤认定提出了异议，该公司认为，A受伤是与B互殴引起的，与工作无关。

江阴市公安局对A被故意伤害案进行了立案，后公诉机关江苏省江阴市人民检察院对B进行诉讼。经江阴市人民法院审理查明，事发当日14时许，员工A、C在车间工作时，因琐事发生口角，但当时双方未动手。后C自行离开去车间楼找公司领导反映情况，在同一车间目睹上述情况的B上前与A发生口角，后双方互相厮

情景三 在工作时间和工作场所内，因履行工作职责受到暴力等意外伤害的		
姓名	班级	日期

打，B 将 A 打伤。并且 B 与 A 不是上下级关系。A 本人在接受调查时也陈述当天因 C 要将他的纸样拿到 2 号台去裁遭到拒绝，故 A 与 C 发生口角，随后 C 的外甥 B 冲到 A 裁布的 1 号台前直接将他的布掀掉，A 就用脚踢 B，B 拉拽 A 的脚，A 挣脱之后从台板上跳下来与 B 抱住扭打在一起，B 随后将 A 摔倒，A 的头部受到撞击导致受伤。

A 当日发生的事故，不符合《工伤保险条例》第十四条、第十五条认定工伤或者视同工伤的情形。决定不予认定或者视同工伤。

《工伤保险条例》第十四条规定，职工在工作时间和工作场所内，因履行工作职责受到暴力伤害的，应当认定为工伤。江苏省人力资源和社会保障厅《关于实施〈工伤保险条例〉若干问题的处理意见》（苏人社规〔2016〕3 号）第九条提出，《工伤保险条例》第十四条规定的“因履行工作职责受到暴力等意外伤害”，是指职工由于履行工作职责而受到暴力等伤害，该暴力等伤害应与履行工作职责具有直接因果关系。A 与同事 B 因裁剪纸板发生纠纷，后双方揪扭抱摔，两人先后摔倒在地，导致 A 头部受伤，该伤害与履行工作职责没有直接必然的因果关系，虽然起因是裁剪纸板这一工作事宜，但是而后发生口角以及揪扭抱摔已经超出了其履行工作职责的范畴，因此不能认定为工伤或视同工伤。

情景四　患职业病的		
姓名	班级	日期

情景四　患职业病的

《工伤保险条例》第十四条　职工有下列情形之一的，应当认定工伤：

（四）患职业病的。

理解与适用

[职业病]

职业病是指劳动者在职业活动中，因接触粉尘、放射性物质和其他有毒、有害物质等因素而引起的疾病。这里的职业病必须是《工伤保险条例》覆盖范围内的用人单位的职工在职业活动中导致的疾病。职业病的范围是由国家主管部门明文规定的。

虽然养老行业从业人员容易因劳累诱发颈椎、腰椎、肠胃等疾病，但这些都不是《工伤保险条例》中认定的职业病。养老行业可能认定的职业病主要为《职业病分类和目录》中的"物理因素所致职业病"，如中暑。

【案例 6】高温下工作导致中暑，认定工伤①

劳动者：小刘，某养老院物业保洁人员。

雇主方：某养老院。

小刘是某养老院的物业保洁人员。雇主方某养老院正在进行大规模装修抢工，为了节约费用，要求小刘在室外装运装修材料及建筑垃圾。由于连日在高温下作业，小刘在室外严重中暑，当时昏迷不醒，养老院负责人将其送往医院抢救，共花费医疗费 1.5 万元。后经当地职业病防治诊断机构确认，小刘的中暑属于职业病范畴，当地劳动能力鉴定委员会据此认定小刘属于工伤，最终该养老院对小刘的医疗费进行了补偿，并给予了相应的工伤保险待遇。

高温天气是指地市级以上气象主管部门所属气象台站向公众发布的日最高气温在 35℃以上的天气。《国家安全监管总局办公厅关于做好夏季防暑降温工作的通知》中明确规定，用人单位是防暑降温工作责任主体，要根据生产特点和具体条件，合理安排调整劳动者高温天气工作时间：日最高气温在 40℃以上时，应当停止当日室外露天作业；日最高气温在 37~40℃时，用人单位全天安排劳动者室外露天作业时间累计不得超过 6 小时，连续作业时间不得超过国家规定，且在气温最高时段 3 小时内不得安排室外露天作业；日最高气温在 35~37℃时，用人单位应当采取换班轮休等方式，缩短劳动者连续作业时间，不得安排室外露天作业劳动者加班。

① 案例改编自网络新闻。

情景四　患职业病的		
姓名	班级	日期

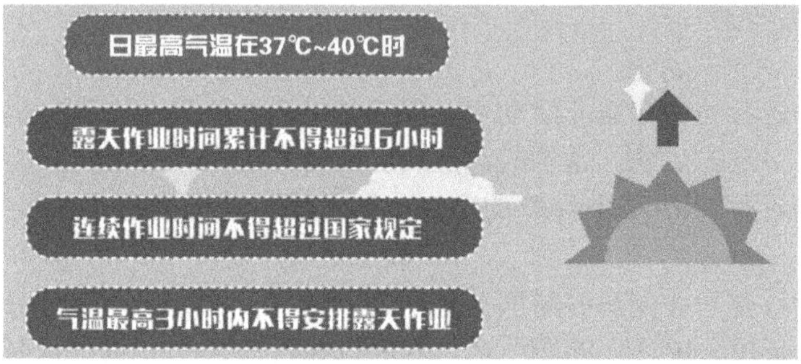

高温条件下坚持工作，一旦严重中暑，劳动者又应该如何维权呢？

2013 年，国家卫生计生委、人力资源社会保障部、安全监管总局、全国总工会 4 部门联合印发《职业病分类和目录》，其中“物理因素所致的职业病”包括了“中暑”。就是说，中暑也是一种职业病。2012 年国家安全监管总局、人力资源社会保障部等部门联合下发的《防暑降温措施管理办法》第十九条规定，劳动者因高温作业或者高温天气作业引起中暑，经诊断为职业病的，享受工伤保险待遇。这就意味着，劳动者因高温天气作业引起中暑的，可以申请工伤认定，符合规定的可享受工伤保险待遇。

情景四　患职业病的		
姓名	班级	日期

复杂案例

高温环境工作中中暑死亡，被认定为工伤[①]

上诉人（原审第三人）李某灵，女，××××年××月××日出生，居民身份证号码××××××××××××××××××，汉族，住陕西省华县。

委托代理人赵某平，陕西秦渭律师事务所律师。

被上诉人（原审被告）韩城市人力资源和社会保障局。住所地陕西省韩城市新城区。

法定代表人常某军，韩城市人力资源和社会保障局局长。

委托代理人薛某峰，韩城市人力资源和社会保障局工作人员。

委托代理人张某良，陕西行天律师事务所律师。

被上诉人（原审被告）陕西省人力资源和社会保障厅。住所地西安市新城区××广场省。

法定代表人张某进，陕西省人力资源和社会保障厅厅长。

委托代理人崔某，陕西省人力资源和社会保障厅工作人员。

委托代理人王某音，陕西永嘉信律师事务所律师。

被上诉人（原审原告）陕西蒲北建设有限公司。住所地陕西省韩城市房。

法定代表人尉某，陕西蒲北建设有限公司总经理。

委托代理人王某，陕西西岳律师事务所律师。

委托代理人柴某君，陕西西岳律师事务所律师。

上诉人李某灵因与被上诉人韩城市人力资源和社会保障局（以下称韩城市人社局）、陕西省人力资源和社会保障厅（以下称省人社厅）、陕西蒲北建设有限公司（以下称蒲北公司）劳动行政确认及行政复议一案，不服西安铁路运输法院（2020）陕7102行初1043号行政判决，向本院提起上诉。本院依法组成合议庭，对本案进行了审理，现已审理终结。

原审法院查明，蒲北公司因工程中标，承接了韩城市国土资源局发包的韩城市××镇××村高标准农田建设项目。史××（已故）在该项目下从事生产路铺设时的支模、搅拌等工作。2018年7月15日10时30分许，在该项目工程点之一的韩城市××镇××村，史××在工作中突然眩晕，后被工友送医，当日经转到韩城市人民医院，被诊断为热射病。又于同日转院至中国人民解放军第四军医大学唐都医院，入重症监护病区，被诊断为：①劳动性热射病；②低血容量性休克；③弥漫性血管内凝血（DIC）；④横纹肌溶解症；⑤肝功能不全；⑥肾功能不全；⑦消化道出血；⑧低钠血症。2018年7月18日，史××出院，当日于路途中去世。2018

① 案件改编自（2020）陕71行终1048号。

情景四　患职业病的		
姓名	班级	日期

年 10 月 10 日，史 ×× 之妻李某灵向韩城市人社局申请对史 ×× 进行工伤认定，韩城市人社局受理后于 2018 年 10 月 25 日作出编号为 300 的认定工伤决定书，该决定书载如下。职工姓名：史 ××。用人单位：蒲北公司。受伤害部位/职业病名称：热射病。认定：史 ×× 同志受到的事故伤害，符合《工伤保险条例》第十四条第（一）项之规定，属于工伤范围，现予以认定为工伤。蒲北公司不服该决定书，向省人社厅申请复议，省人社厅于 2019 年 3 月 22 日作出陕人社复决字〔2019〕5 号行政复议决定书，决定：撤销韩城市人社局 2018 年 10 月 25 日作出的认定工伤决定书（编号：300），并责令韩城市人社局在 60 日内重新作出具体行政行为。韩城市人社局于 2019 年 3 月 24 日收到该复议决定书。2019 年 7 月 9 日，李某灵向韩城市人社局递交工伤认定申请书，申请对史 ×× 进行工伤认定。韩城市人社局于 2019 年 7 月 19 日作出编号为 288 的认定工伤决定书，决定书载如下。职工姓名：史 ××。用人单位。蒲北公司。受伤害部位：热射病。认定：2019 年 7 月 9 日受理李某灵为其夫史 ×× 的工伤认定申请后，根据提交的材料调查核实情况如下。2019 年 7 月 11 日，我局通过调查核实，史 ×× 在上班期间受伤的情况属实。史 ×× 同志受到的事故伤害，符合《工伤保险条例》第十四条第（一）项之规定，属于工伤认定范围，现予以认定为工伤。蒲北公司不服该认定，于 2019 年 9 月 17 日向省人社厅申请复议，省人社厅于 2019 年 10 月 10 日受理蒲北公司的复议申请。2019 年 12 月 9 日，省人社厅作出延期审理通知书，决定延期行政复议审理期限 30 日。2020 年 1 月 9 日，省人社厅作出陕人社复决字〔2019〕37 号行政复议决定书，决定维持韩城市人社局作出的编号为 288 的认定工伤决定书。蒲北公司不服韩城市人社局作出的编号为 288 的认定工伤决定书及省人社厅作出的陕人社复决字〔2019〕37 号行政复议决定书，诉至原审法院，请求撤销韩城市人社局作出的编号为 288 的认定工伤决定书及省人社厅作出的陕人社复决字〔2019〕37 号行政复议决定书。

同时查明，李某灵在原审庭审中提交了渭南市疾病预防控制中心（2019）渭职诊字 047 号职业病诊断证明书，该诊断证明书载："姓名，史 ××。用人单位：蒲北公司。诊断结论：职业性中暑（热射病）。"该诊断证明书作出时间为 2019 年 11 月 22 日。韩城市人社局、省人社厅均称原审庭审前未收到该诊断证明书。

原审法院认为，《工伤保险条例》第五条第二款规定：县级以上地方各级人民政府社会保险行政部门负责本行政区域内的工伤保险工作。据此，韩城市人社局有对辖区工伤进行认定的职权。省人社厅作为韩城市人社局上级主管部门，其对韩城市人社局作为被申请人的复议申请有进行复议的职权。本案的争议焦点为：韩城市人社局作出的编号为 288 的认定工伤决定书及省人社厅作出的陕人社复决字〔2019〕37 号行政复议决定书是否合法。

关于事实。①《工伤保险条例》第十八条规定："提出工伤认定申请应当提交下列材料：（一）工伤认定申请表；（二）与用人单位存在劳动关系（包括事实劳动关

情景四　患职业病的		
姓名	班级	日期

系）的证明材料;（三）医疗诊断证明或者职业病诊断证明书（或者职业病诊断鉴定书）。工伤认定申请表应当包括事故发生的时间、地点、原因以及职工伤害程度等基本情况。工伤认定申请人提供材料不完整的，社会保险行政部门应当一次性书面告知工伤认定申请人需要补正的全部材料。申请人按照书面告知要求补正材料后，社会保险行政部门应当受理。”据此，申请人申请工伤认定时应当提交劳动关系证明和相关诊断证明、诊断书等相关材料。《工伤保险条例》第十九条规定:“社会保险行政部门受理工伤认定申请后，根据审核需要可以对事故伤害进行调查核实，用人单位、职工、工会组织、医疗机构以及有关部门应当予以协助。职业病诊断和诊断争议的鉴定，依照职业病防治法的有关规定执行。对依法取得职业病诊断证明书或者职业病诊断鉴定书的，社会保险行政部门不再进行调查核实。职工或者其近亲属认为是工伤，用人单位不认为是工伤的，由用人单位承担举证责任。”上述法律规定了用人单位不认为是工伤时应由用人单位承担举证责任，但并不能据此否定社会保险行政部门应履行的调查义务，除对依法取得职业病诊断证明书或者职业病诊断鉴定书的，社会保险行政部门不再进行调查核实。其余情形，社会保险行政部门就工伤能否成立的基本事实，诸如劳动关系存在与否、是否属职业病等均需对申请人提供材料进行审查及以自行调查方式予以明确。本案中，根据韩城市人社局提交的证据，其仅从信访部门调取了介绍人马 ×× 的书写材料及韩城市国土资源局的意见书，又以蒲北公司未提交不是工伤的证据，即认定了案件事实，其认定缺乏依据。②韩城市人社局原审庭审称，史 ×× 与蒲北公司间存在劳动关系，同时又称本案应适用《最高人民法院关于审理工伤保险行政案件若干问题的规定》第三条第一款第（四）项规定，用工单位违反法律、法规规定将承包业务转包给不具备用工主体资格的组织或者自然人，该组织或者自然人聘用的职工从事承包业务时因工伤亡的，用工单位为承担工伤保险责任的单位。原审法院认为，该条法律规定系在受伤害职工与用工单位不存在劳动关系但符合本条情形及工伤认定的其他构成要件时，法律对工伤保险责任承担主体的特别规定。韩城市人社局称史 ×× 与蒲北公司存在劳动关系，又称本案应适用上述法律规定，其逻辑混乱。就史 ×× 与蒲北公司是否存在劳动关系，或是否符合《最高人民法院关于审理工伤保险行政案件若干问题的规定》第三条第一款第（四）项的适用情形，韩城市人社局未认真查明，其所作工伤认定事实不清。③省人社厅在对韩城市人社局作出的工伤决定书进行复议时，认为韩城市人社局作出的工伤认定决定事实清楚，适用法律正确。该复议认定错误。

关于程序。①省人社厅于 2019 年 3 月 22 日作出陕人社复决字〔2019〕5 号行政复议决定书，该决定书载：撤销韩城市人社局于 2018 年 10 月 25 日作出的认定工伤决定书（编号: 300），责令韩城市人社局在 60 日内重新作出具体行政行为。韩城市人社局于 2019 年 3 月 24 日收到该复议决定书。据此，韩城市人社局重新作出决定的时间应从收到上述复议决定之日起算，其未在 60 日内作出具体决定。至 2019

情景四　患职业病的		
姓名	班级	日期

年 7 月 9 日以李某灵重新递交申请的方式启动程序，明显超过期限。②韩城市人社局提交证据中仅有工伤认定举证通知书送达 EMS 邮单，未提交该工伤认定举证通知书。经原审法院责令提交，韩城市人社局向原审法院提交了工伤认定举证通知书，但该通知书落款日期为 2018 年 10 月 11 日，显与本案无关。据此，应认定韩城市人社局在本次工伤认定程序中未向蒲北公司送达工伤认定举证通知书。韩城市人社局作出工伤认定决定程序违法。③根据《中华人民共和国行政复议法》第十七条规定，除特殊情形外，行政复议申请自行政复议机关负责法制工作的机构收到之日起即为受理。省人社厅在 2019 年 9 月 17 日收到蒲北公司的复议申请后，于 2019 年 10 月 10 日受理，超过法定的复议受理时限。省人社厅的复议程序违法。

关于法律。根据史 ×× 入院的诊断结论，史 ×× 系 2018 年 7 月 15 日在工地工作时因中暑引发热射病，于 2018 年 7 月 18 日去世。韩城市人社局所作出的编号为 288 的认定工伤决定书所适用的《工伤保险条例》第十四条第（一）项认定工伤的情形为：在工作时间和工作场所内，因工作原因受到事故伤害的。本案史 ×× 因热射病死亡，不属受到事故伤害的情形，不适用《工伤保险条例》第十四条第（一）项。韩城市人社局认定工伤时适用法律错误。

综上，韩城市人社局作出的认定工伤决定书及省人社厅作出的行政复议决定书认定事实不清，程序违法，适用法律错误。韩城市人社局作出的认定工伤决定书及省人社厅作出的行政复议决定书应予撤销。

同时，李某灵庭审中提交了渭南市疾病预防控制中心（2019）渭职诊字 047 号职业病诊断证明书。该诊断证明书中“诊断结论”一项载：职业性中暑（热射病）。韩城市人社局可根据已发生的新的事实，就李某灵申请认定史 ×× 工伤重新作出行政行为。

根据《中华人民共和国行政诉讼法》第七十条第（一）项、第（二）项、第（三）项和第七十九条规定，判决：“一、撤销省人社厅于 2020 年 1 月 9 日作出的陕人社复决字〔2019〕37 号行政复议决定书；二、撤销韩城市人社局于 2019 年 7 月 19 日作出的认定工伤决定书（编号：288）；三、责令韩城市人社局于本判决生效后 60 日内重新作出决定。案件受理费 50 元，由韩城市人社局负担。”

李某灵不服一审判决，向本院提起上诉称，①史 ×× 与蒲北公司有劳动关系，证据确实充分。2018 年 7 月，经马 ×× 介绍，史 ×× 在蒲北公司中标的韩城市国土资源局农田建设项目打工，经韩城市人社局对史 ××、工友尚 ××、姚 ×× 调查，查明史 ×× 与蒲北公司之间存在劳动关系，一审法院认定韩城市人社局未依法核实史 ×× 与蒲北公司之间是否存在劳动关系，不符合客观事实。即使如蒲北公司主张的史 ×× 属于马 ×× 雇佣的，但马 ×× 作为个人不具有承包农田建设项目工程的资质，且根据《劳动和社会保障部关于确立劳动关系有关事项的通知》第四条的规定，史 ×× 与蒲北公司之间具有劳动关系。②韩城市人社局对史 ×× 受到的

情景四 患职业病的		
姓名	班级	日期

事故伤害认定为工伤适用法律正确。《工伤保险条例》《工伤认定办法》规定，在工作时间和工作场所内，因工作原因受到伤害的，应认定为工伤。史 ×× 正是在工作时间内、在工作岗位上受到工作环境高温伤害进而死亡的，符合工伤认定的情形。根据《最高人民法院关于审理工伤保险行政案件若干问题的规定》第三条第（四）项、《工伤认定办法》第十七条的规定，一审法院撤销韩城市人社局作出的工伤认定决定属于适用法律错误。综上，提起上诉，请求：撤销西安铁路运输法院（2020）陕 7102 行初 1043 号行政判决，依法改判。

被上诉人韩城市人社局辩称，①蒲北公司是涉案项目的承包方，史 ×× 在蒲北公司承包的项目干活，韩城市人社局作出的工伤认定决定对史 ×× 受到的伤害认定为工伤，认定事实清楚、适用法律正确。一审法院认为韩城市人社局作出的工伤认定决定事实不清，属于适用法律错误。②韩城市人社局作出的工伤认定决定程序合法，一审法院认定韩城市人社局作出的工伤认定决定程序违法，与事实不符。

被上诉人省人社厅辩称，①一审判决认定事实错误、适用法律错误，史 ×× 是在工作时间和工作场所内因工作原因受到事故伤害的，符合《工伤保险条例》第十四条规定的应当认定为工伤的情形。②史 ×× 受到的事故伤害应当认定为工伤，省人社厅作出的被诉行政复议决定正确。在行政复议程序中，考虑到史 ×× 已经死亡，无法对其进行职业病和劳动能力鉴定，省人社厅综合本案当时的证据，认定史 ×× 受到的事故伤害属于工伤是符合《工伤保险条例》的规定以及立法本意的。因工作原因受到的事故伤害不能局限于外在的伤害，事故伤害应当是综合性的，与工作原因有紧密关联性。本案中，史 ×× 因工作原因，在高温环境下劳动作业发生死亡的结果，其死亡就是事故伤害的一种表现结果。一审法院认定事故伤害应为明显外伤，属于认定事实错误。③根据《工伤保险条例》第十九条第二款的规定，蒲北公司认为史 ×× 不属于工伤，应当提供史 ×× 受到的事故伤害不属于工伤的证据，但蒲北公司在工伤认定及行政复议程序中，并未提供史 ×× 受到的事故伤害不属于工伤的证据，应当承担举证不能的后果。综上，史 ×× 是因工作原因死亡的，其受到的伤害应当认定为工伤。

被上诉人蒲北公司辩称，①史 ×× 与被上诉人蒲北公司不具有劳动关系，韩城市人社局在作出工伤认定决定中并未核实史 ×× 与被上诉人是否存在劳动关系，其作出的工伤认定决定事实不清、适用法律错误。省人社厅作出的被诉行政复议决定，维持韩城市人社局作出的工伤认定决定，认定事实不清，适用法律错误。②一审法院认定事实清楚、适用法律正确、程序合法，请求驳回上诉人的上诉请求，维持原判。

本院经审理查明的事实与一审判决认定的事实一致，本院予以确认。

本院认为，本案的争议焦点是韩城市 ×× 社 ×× 号工伤认定决定及省 ×× 社 ×× 号行政复议决定是否合法？

情景四　患职业病的		
姓名	班级	日期

根据《工伤保险条例》第五条第二款的规定，被上诉人韩城市人社局具有作出被诉工伤认定决定的法定职权。根据《中华人民共和国行政复议法》第十二条的规定，省人社厅具有作出被诉行政复议决定的法定职权。

《工伤保险条例》第十四条第一项规定，职工有下列情形之一的，应当认定为工伤：（一）在工作时间和工作场所内，因工作原因受到事故伤害的。《工伤保险条例》第十九条第二款规定，在工伤认定中，职工或者其近亲属认为是工伤，用人单位不认为是工伤的，由用人单位承担举证责任。本案中，蒲北公司承接了韩城市国土资源局发包的韩城市 ×× 镇 ×× 村高标准农田建设项目，史 ×× 受雇在该项目从事生产路铺设时的支模、搅拌等工作。蒲北公司主张史 ×× 与其公司之间不存在劳动关系、史 ×× 是为案外人马 ×× 提供劳务的，蒲北公司对其该项主张负有举证责任，但蒲北公司在工伤认定程序和行政复议程序中提供的证据不能证明其主张，应认定史 ×× 与蒲北公司具有劳动关系。2018 年 7 月 15 日 10 时 30 分许，史 ×× 在该项目工程点之一的韩城市 ×× 镇 ×× 村干活时因中暑出现眩晕，后经治疗无效死亡，中国人民解放军第四军医大学唐都医院出具的诊断证明记载出院诊断为：①劳动性热射病；②低血容量性休克；③弥漫性血管内凝血（DIC）；④横纹肌溶解症；⑤肝功能不全；⑥肾功能不全；⑦消化道出血；⑧低钠血症。结合史 ×× 的工作环境和工作内容，其工作中因中暑出现眩晕，经治疗无效死亡，符合在工作时间和工作场所内，因工作原因受到伤害的情形，该情形属于《工伤保险条例》第十四条第（一）项规定的应当认定为工伤的情形。韩城市人社局经过调查，作出 288 号认定工伤决定书，认定事实清楚、证据确实充分。

关于韩城市 ×× 社 ×× 号工伤认定决定的程序。《中华人民共和国行政复议法》第七十五条第二款规定：行政复议决定书一经送达，即发生法律效力。该法第七十七条第一款规定：被申请人应当履行行政复议决定书、调解书、意见书。本案中，省人社厅于 2019 年 3 月 22 日作出陕人社复决字〔2019〕5 号行政复议决定书，撤销韩城市人社局于 2018 年 10 月 25 日作出的认定工伤决定书（编号：300），责令韩城市人社局在 60 日内重新作出行政行为。在有生效的行政复议决定确定韩城市人社局重新作出行政行为期限的情况下，韩城市人社局应当在收到复议决定书 60 日内重新作出行政行为，其未在收到复议决定书 60 日内重新作出行政行为，至 2019 年 7 月 9 日以李某灵重新递交工伤认定申请的方式启动工伤认定程序，超过期限。根据《最高人民法院关于适用〈中华人民共和国行政诉讼法〉的解释》第九十六条第一项规定，韩城市 ×× 社 ×× 号工伤认定决定属于《中华人民共和国行政诉讼法》第七十四条第一款第（二）项规定的“行政行为程序轻微违法，但对原告权利不产生实际影响的”，人民法院判决确认行政行为违法，但不撤销行政行为的规定，应当判决确认韩城市 ×× 社 ×× 号工伤认定决定违法，但不撤销该工伤认定决定。

因韩城市 ×× 社 ×× 号工伤认定决定认定事实清楚、证据确凿，但程序轻微

情景四　患职业病的		
姓名	班级	日期

违法，省人社厅复议决定维持韩城市 ×× 社 ×× 号工伤认定决定不当，对省人社厅作出的被诉行政复议决定，依法应予撤销。

综上，韩城市 ×× 社 ×× 号工伤认定决定事实清楚，但程序轻微违法，根据《中华人民共和国行政诉讼法》第七十四条第一款第（二）项的规定，应当判决确认韩城市 ×× 社 ×× 号工伤认定决定违法，但不撤销韩城市人社局作出的编号为 288 的认定工伤决定书。一审法院认定韩城市作出的工伤认定决定证据不足，予以撤销明显不当，本院依法予以纠正。省人社厅作出被诉行政复议决定维持韩城市 ×× 社 ×× 号工伤认定决定不当，对省人社厅作出的被诉行政复议决定，依法应予撤销。一审法院判决撤销省人社厅作出的被诉行政复议决定并无不当，本院依法予以维持。依照《中华人民共和国行政诉讼法》第八十九条第一款第（二）项的规定，判决如下。

（1）维持西安铁路运输法院（2020）陕 7102 行初 1043 号行政判决第一项，即“撤销陕西省人力资源和社会保障厅于 2020 年 1 月 9 日作出的陕人社复决字〔2019〕37 号行政复议决定书”。

（2）撤销西安铁路运输法院（2020）陕 7102 行初 1043 号行政判决第二项、第三项，即“撤销韩城市人力资源和社会保障局于 2019 年 7 月 19 日作出的认定工伤决定书（编号：288）；责令韩城市人力资源和社会保障局于本判决生效后 60 日内重新作出决定”。

（3）确认韩城市人力资源和社会保障局于 2019 年 7 月 19 日作出的认定工伤决定书（编号：288）违法。

一、二审案件受理费各 50 元，由上诉人李某灵负担 50 元，由被上诉人韩城市人社局负担 50 元。

本判决为终审判决。

情景五　因工外出期间，由于工作原因受到伤害或者发生事故下落不明的		
姓名	班级	日期

情景五　因工外出期间，由于工作原因受到伤害或者发生事故下落不明的

《工伤保险条例》第十四条　职工有下列情形之一的，应当认定工伤：

（五）因工外出期间，由于工作原因受到伤害或者发生事故下落不明的。

理解与适用

[因工外出期间，由于工作原因受到伤害或者下落不明的]

因公外出是指职工不在本单位的工作范围内，由于工作需要被用人单位指派到本单位以外工作，或者为了更好地完成工作，自己到本单位以外从事与本职工作有关的工作。这里的“外出”包括两层含义：一是指本单位以外，但是还在本地范围内；二是指不仅离开了本单位，并且在外地。而对于“因工外出期间”的认定，应当考虑职工外出是否属于用人单位指派的因工作外出，遭受的事故是否因工作所致。

由于工作原因受到伤害是指由于工作原因直接或间接造成的伤害，包括事故伤害、暴力伤害和其他形式的伤害。这里的“事故”包括安全事故、意外事故以及自然灾害等各种形式的事故。

《最高人民法院关于审理工伤保险行政案件若干问题的规定》第五条规定：“社会保险行政部门认定下列情形为因工外出期间的，人民法院应予支持：（一）职工受用人单位指派或者因工作需要在工作场所以外从事与工作职责有关的活动期间；（二）职工受用人单位指派外出学习或者开会期间；（三）职工因工作需要的其他外出活动期间。职工因工外出期间从事与工作或者受用人单位指派外出学习、开会无关的个人活动受到伤害，社会保险行政部门不认定为工伤的，人民法院应予支持。”

【案例 7】用人单位未依法缴纳工伤保险费，发生工伤事故的，由用人单位支付工伤保险待遇[①]

劳动者：马某，男。

雇主方：河南省漯河市 A 养老服务有限公司（简称 A 公司）、河南 B 公司。

马某于 2016 年 1 月 21 日在出差途中遭遇车祸不幸死亡，他的用人单位在其工作期间未为其缴纳工伤保险和医疗保险费用。2017 年 1 月 11 日，马某妻子丁某向漯河市郾城区劳动人事争议仲裁委员会申请劳动仲裁，要求确认马某与 A 公司之间存在劳动关系。2017 年 1 月 23 日，漯河市郾城区劳动人事争议仲裁委员会认定马某与 A 公司之间存在事实劳动关系。2017 年 5 月 25 日，漯河市人力资源和社会保障局认定马某出差死亡为工伤，认定用人单位为 A 公司。2017 年 7 月 24 日，漯河

① 本案例改编自（2018）豫 1103 民初 780 号。

情景五　因工外出期间，由于工作原因受到伤害或者发生事故下落不明的		
姓名	班级	日期

市郾城区劳动人事争议仲裁委员仲裁要求 A 公司支付马某的各项工伤保险待遇 86 万余元。

关于马某的用工单位问题，虽然马某生前系河南省漯河市 A 养老服务有限公司的董事长兼总经理职务，与 A 存在劳动关系，但马某同时又是河南 B 公司常务副总经理，马某出任河南省漯河市 A 养老服务有限公司董事长兼副总经理也是河南 B 公司任命的。河南 B 公司文件证明被告河南省漯河市 A 公司是河南 B 公司成立的，虽然河南者漯河市 A 养老服务有限公司不显示河南 B 公司为其的出资人或开办人，但从河南 B 公司的相关文件可以看出，河南省漯河市 A 养老服务有限公司的股东是河南 B 公司任命的。河南 B 公司与河南省漯河市 A 养老服务有限公司系利益共同体，双方互相担保，互相承担连带责任，双方应互负连带责任。

雇主方未到庭、未答辩，已进入强制执行阶段。

《社会保险法》第三十三条、第四十一条规定，职工应当参加工伤保险，由用人单位缴纳工伤保险费，用人单位未依法缴纳工伤保险费，发生工伤事故的，由用人单位支付工伤保险待遇。原告丁某的丈夫马某因公死亡，原告丁某作为其近亲属可依法领取丧葬补助金及一次性工亡补助金，因丁某已办理退休手续，享受养老保险待遇，不符合领取供养亲属抚恤金的条件。

情景六　在上下班途中，受到非本人主要责任的交通事故或者城市轨道交通、客运轮渡、火车事故伤害的		
姓名	班级	日期

情景六　在上下班途中，受到非本人主要责任的交通事故或者城市轨道交通、客运轮渡、火车事故伤害的

《工伤保险条例》第十四条　职工有下列情形之一的，应当认定工伤：

（六）在上下班途中，受到非本人主要责任的交通事故或者城市轨道交通、客运轮渡、火车事故伤害的。

[上下班途中受到非本人主要责任的事故伤害]

上下班途中是指合理的上下班时间和合理的上下班路途。《人力资源社会保障部关于执行〈工伤保险条例〉若干问题的意见（二）》第六条规定：职工以上下班为目的、在合理时间内往返于工作单位和居住地之间的合理线路，视为上下班途中。《最高人民法院关于审理工伤保险行政案件若干问题的规定》第六条规定："对社会保险行政部门认定下列情形为上下班途中的，人民法院应予支持：（一）在合理时间内往返于工作地与住所地、经常居住地、单位宿舍的合理线路的上下班途中；（二）在合理时间内往返于工作地与配偶、父母、子女居住地的合理线路的上下班途中；（三）从事属于日常工作生活所需要的活动，且在合理时间和合理线路的上下班途中；（四）在合理时间内其他路线的上下班途中。"

非本人主要责任事故包括非本人主要责任的交通事故和非本人主要责任的城市轨道交通、客运渡轮和火车事故。其中，《中华人民共和国道路交通安全法》第一百一十九条规定："交通事故"是指车辆在道路上因过错或者意外造成的人身伤亡或者财产损失的事件；"车辆"是指机动车和非机动车；"道路"是指公路、城市道路和虽在单位管辖范围但允许社会机动车通行的地方，包括广场、公共停车场等用于公众通行的场所。

对于非本人主要责任的认定，应当以有关机构（如公安机关交通管理、交通运输等部门）出具的法律文书或者人民法院的生效裁决为依据。

【案例 8】"代理关系"变劳动关系，工伤认定责任大①

劳动者：刘某，女，1991 年出生。

雇主方：湖南长沙某养老产业有限公司（以下简称养老产业公司）。

刘某于 2017 年 4 月初经案外人谭某介绍到宁乡市从事养老公寓服务的推广工作。其工资收入是养老产业公司提供的底薪 1000 元/月加业务提成。2017 年 5 月 24 日，刘某在上班途中发生交通事故。2018 年 9 月 3 日，宁乡市劳动人事争议仲裁委员会作出了刘某与养老产业公司之间存在事实劳动关系的裁决。养老产业公司不服裁决遂诉至一审法院。

① 本案例改编自（2019）湘 01 民终 8166 号。

情景六　在上下班途中，受到非本人主要责任的交通事故或者城市轨道交通、客运轮渡、火车事故伤害的		
姓名	班级	日期

养老产业公司认为，其与刘某不存在事实劳动关系，双方系一般的雇佣劳务关系。事实和理由：2017 年 4 月，刘某临时受雇于养老产业公司，从事临时性的工作，其不受公司制度约束，不受公司人事管理，工作时间自由，工作内容自主，且不属于养老产业公司的职工。刘某系养老产业公司临时聘用的雇工，与养老产业公司系雇佣关系，双方之间未签订劳动合同，不符合劳动关系的条件，其与养老产业公司也没有形成劳动隶属关系。其入职以及离职均非常自由，想来就来、想走即走，不需要也没有办理任何手续。第三负责人口头述称，养老产业公司分公司将销售推广工作打包分包给彭某，彭某将任务下发给谭某，被告是谭某介绍的。被告不是养老产业公司分公司员工，分公司也没有给被告发放工资，二者不存在劳动关系。

刘某表示，其入职养老产业公司后，接受公司日常安排的老人业务拓展工作，到老人集聚的地方开展业务。在刘某签下业务单后，养老产业公司按月发放工资及业务提成。很明显，刘某接受原告的管理，从事其安排的工作，具有劳动关系隶属性，且这明显区别于劳务关系里劳动者向用工者提供一次性的或者特定的劳动服务。根据《关于确立劳动关系有关事项的通知》（劳社部〔2005〕12 号）第一条的规定："用人单位招用劳动者未订立书面劳动合同，但具备以下情形的，劳动关系成立：（一）用人单位和劳动者符合法律、法规规定的主体资格；（二）用人单位依法制定的各项劳动规章制度适用于劳动者，劳动者受用人单位的劳动管理，从事用人单位安排的有报酬的劳动；（三）劳动者提供的劳动是用人单位业务的组成部分。"首先，养老产业公司作为依法成立的公司符合用人单位的主体资格，而刘某是成年人符合劳动者的主体资格。其次，刘某接受养老产业公司日常工作安排，按其规定开展老年人业务拓展工作，而养老产业公司按月给刘某发放工资并根据业务量发放业绩提成，即刘某系从事养老产业公司安排的有报酬的劳动。再次，养老产业公司，顾名思义围绕老年人提供服务，而刘某提供的老年公寓业务拓展工作正是其业务组成部分。

另查明，2018 年 5 月 7 日，养老产业公司向刘某出具了内容为"兹证明，刘某，女，（身份证号码：4303811991 × × × × × × × ×）系我单位临时聘用人员，刘某曾先后两次临聘入我公司，第一次聘用时间公司已经无法查询，只有记录显示其于 2016 年 8 月 23 日协助完成一笔业务，按入职一个月核算当月收入 2 000 元；第二次是自 2017 年 4 月 5 日在我单位工作，2017 年 4 月收入 2 000 元，2017 年 5 月收入 8 500 元。自 2017 年 5 月 24 日因发生交通事故受伤治疗未到公司上班，根据本单位规定，停发待遇。"的误工证明。

法院一审确认养老产业公司与刘某存在事实劳动关系，二审维持原判。

该案例为用工模式选择错误，故意模糊用工关系，以此造成不向劳动者缴纳工伤保险，最终造成双方经济损失的典型案件。

此外，该案例中的养老产业公司后期涉嫌非法集资，已被警方于 2020 年 6 月 20 日通报。

情景七　法律、行政法规规定应当认定为工伤的其他情形		
姓名	班级	日期

情景七　法律、行政法规规定应当认定为工伤的其他情形

《工伤保险条例》第十四条　职工有下列情形之一的，应当认定工伤：

（七）法律、行政法规规定应当认定为工伤的其他情形。

2020年1月23日人力资源社会保障部、财政部、国家卫生健康委联合下发《关于因履行工作职责感染新型冠状病毒肺炎的医护及相关工作人员有关保障问题的通知》（人社部函〔2020〕11号）中提到："在新型冠状病毒肺炎预防和救治工作中，医护及相关工作人员因履行工作职责，感染新型冠状病毒肺炎或因感染新型冠状病毒肺炎死亡的，应认定为工伤，依法享受工伤保险待遇。"

【案例9】行政法规规定认定为工伤的其他情形

劳动者：医护人员、抗疫工作人员。

雇主方：各级各类医院。

国新办于2020年3月6日在武汉举行新闻发布会，介绍新型冠状病毒肺炎疫情（以下简称疫情）防控救治进展情况。中央指导组成员、国务院副秘书长丁向阳表示：迄今湖北省有超过3 000名医护人员被感染，其中40%在医院感染，60%在社区感染，均为湖北省医护人员，而且大都是非传染科医生。全国支援湖北武汉的4万多名医护人员，目前没有感染的报告。

在新型冠状病毒肺炎预防和救治工作中，医护及相关工作人员因履行工作职责，感染新型冠状病毒肺炎或因感染新型冠状病毒肺炎死亡的，应认定为工伤，依法享受工伤保险待遇。

阅读思考

阅读以下材料，综合思考工伤认定是否范围越宽越好？①

针对抗疫医务人员下班后突发疾病，却因不在工作时间、工作岗位而难被认定工伤的情况，专业人士建议—— 告别"机械"，让工伤认定"活"起来。

近期，武汉一位昏迷多天的抗疫护士，未被认定工伤，引发热议。据了解，疫情防控中，突发疾病且遇工伤认定难的医务人员不止她一人。由于不是在工作时间、工作岗位上突发疾病死亡或在48小时内抢救无效死亡，他们的工伤认定之路不够顺畅。对此，专业人士认为，在抗疫防控特殊时期应综合考虑，以工作原因为关键要素，实行工作原因推定原则。

武汉市武昌医院杨园街社区第二卫生服务中心主管护师、中医科护士长沈某昏

---

① 张翀. 告别机械地界定工作时间和工作岗位，让工伤认定"活"起来[EB/OL].[2020-07-27][2023-10-05]https://www.51ldb.com/shsldb/zdxw/content/a54afb15-2f87-4056-9d7b-a0852333b370.html.

情景七　法律、行政法规规定应当认定为工伤的其他情形		
姓名	班级	日期

迷 100 多天后，未被认定工伤。3 月 7 日，沈某在单位安排的酒店休息时昏迷，一直未能苏醒。对其的工伤认定申请，武汉市人社局称，由于不符合在工作时间、工作岗位上突发疾病死亡或在 48 小时内抢救无效死亡，无法认定工伤。

事实上，在疫情防控中，沈某的遭遇并非孤例。2020 年 3 月，湖北仙桃市三伏潭镇卫生院医生刘某雄抗疫期间在家猝死，其从未被认定工伤到最终认定工伤的过程，也曾引发广泛的社会关注。

不予认定工伤

2 月 13 日凌晨，刘某雄出现了胸痛、气喘等症状，经急救无效不幸离世，死亡原因为急性心肌梗死。

事实上，仙桃市卫健委于 1 月 22 日发布通知，要求各医疗卫生单位“全面启动战时值班备勤机制，全体人员取消春节休假，按作息时间正常上班，严格落实 24 小时值班值守制度”。

三伏潭镇卫生院认为，刘某雄是在疫情防控期间死亡的，不应机械地界定工作时间和工作地点。他的病发死亡系超负荷在岗工作导致的，应认定为工伤。

而仙桃市人社局出具的《不予认定工伤决定书》，却给出了不同的结论。

仙桃市人社局提出，刘某雄生前一段时间以来，并未承担一线防疫值班任务，工作时间相对固定、上下班规律，刘某雄突发疾病的时间是凌晨，地点是在家中，不符合在工作时间和工作场所内，因工作原因受到事故伤害应当认定工伤的情形。此外，心肌梗死亦不属于职业病范畴。因此，刘某雄的死亡不适用《工伤保险条例》的相关规定。

仙桃市人社局认为，虽然刘某雄作为医护人员，是疫情下的最美逆行者，其不幸病逝亦令人痛心惋惜。但作为行政机关，依法行政是职责所系，因其病亡情形不符合上述应当认定工伤的法定条件，据此作出不予认定工伤决定。

2 月 27 日，三伏潭镇卫生院向仙桃市政府申请复议。

不应机械地界定工作时间和工作岗位

随着行政复议，刘某雄生前的抗疫工作量也浮出水面。1 月 24 日，三伏潭镇卫生院成立发热门诊专家指导组，刘某雄担任副组长，除本职工作外，他还参与发热病人的诊治工作。1 月 12 日至 2 月 12 日，他共诊治病人 3 506 人次。疫情防控期间，医院还对外公布了刘某雄的电话号码，他曾在休息时间接受病人问诊。

值得注意的是，仙桃市政府还认定了刘某雄带病上班的事实，认为在重大突发公共卫生事件中，他参与了防疫防控工作，应综合考虑疫情防控期间的工作情形，可以认定其死亡属在工作时间、工作岗位上突发疾病经抢救无效死亡的情形，符合视同工伤的情形。

“刘某雄的工伤认定，不应机械地界定工作时间和工作岗位。”仙桃市政府撤销了此前《不予认定工伤决定书》，并责令重作决定。3 月 7 日，仙桃市人社局作出决

情景七　法律、行政法规规定应当认定为工伤的其他情形		
姓名	班级	日期

定，对刘某雄在防疫备勤过程中突发疾病经抢救无效死亡，予以认定（或视同）为工伤。

中国劳动关系学院社会保障研究所所长杨思斌认为，此次围绕抗疫医护人员工伤认定争议的焦点主要是工伤认定的标准。《社会保险法》《工伤保险条例》等确定了工伤认定的标准体系，即典型性工伤、视同工伤和不予认定为工伤。

刘某雄在家猝死，不能适用典型性工伤的"在工作时间和工作场所内，因工作原因受到事故伤害的"条款。但是，杨思斌认为，不能狭隘地理解"工作时间、工作岗位"，而要综合考虑在疫情防控特殊时期，医生的工作时间延长且和休息时间不再有明确的界限，工作岗位拓展了，处于在家待命备勤状态下的"家"成了工作场所的延伸，"待命和电话接诊"就是在工作岗位上履行工作职责。

因此，他认为认定工伤符合法律规定和立法宗旨，彰显了法律的公平正义。

建议增加因工作原因导致死亡的认定条款

针对引发沈某家属质疑的"48 小时工伤"条款，即在工作时间和工作岗位，突发疾病死亡或者在 48 小时之内经抢救无效死亡的情形视同工伤。杨思斌告诉记者，"自颁布《工伤保险条例》以来，就一直是工伤认定的争议条款。"

当职工突发疾病时，家属救人心切，48 小时后才放弃抢救，就不能认定工伤。在杨思斌看来，这无疑是在挑战社会道德的底线。另外，随着医疗技术的进步，死亡标准的确认、抢救的方式等也带来了法律适用的困惑。

目前，多数国家并没有把工作场所的突发疾病死亡界定为工伤。杨思斌说，《工伤保险条例》增加了"48 小时工伤"条款，这实际上将保障范围扩大到在工作时间、工作岗位突发疾病的情形，体现了我国工伤保险制度的优越性。

但在实践中，工伤认定也出现了超过 48 小时不予认定的局面。杨思斌认为，"48 小时工伤"条款需要完善，增加因工作原因导致死亡的工伤认定的兜底性条款。

疫情发生后不久，国家就明确提出，医护及相关工作人员因履行工作职责，感染新型冠肺炎或因感染死亡的，应认定为工伤。在杨思斌看来，这项规定强调了"因履行工作职责"的工作原因，而对工作地点和工作时间的要求降低，符合工伤保险制度的发展趋势，体现了"最大限度地保护工伤职工"的工伤保险立法宗旨。

依据《工伤保险条例》，职工在抢险救灾等维护国家利益、公共利益活动中受到伤害的，视同工伤。其实，该项规定的适用范围可以适度扩大到更多的劳动者。

典型性工伤认定强调"三工"要素，即"在工作时间和工作场所内，因工作原因受到事故伤害的"才能认定为工伤，且都做了严格要求。但是，现代社会，随着科技的进步，人们的工作方式、工作时间和工作场所都发生了很大变化，杨思斌认为，对工伤认定的"三工"要素的理解不应机械化，不能固守其狭隘的文字含义，而是应以"工作原因"为关键要素，实行工作原因推定原则。

单元二　视同工伤

情景一　在工作时间和工作岗位，突发疾病死亡或者在48小时之内经抢救无效死亡的

情景二　在抢险救灾等维护国家利益、公共利益活动中受到伤害的

情景三　负伤致残军人旧伤复发的

情景一　在工作时间和工作岗位，突发疾病死亡或者在 48 小时之内经抢救无效死亡的		
姓名	班级	日期

情景一　在工作时间和工作岗位，突发疾病死亡或者在 48 小时之内经抢救无效死亡的

《工伤保险条例》第十五条　职工有下列情形之一的，视同工伤：

（一）在工作时间和工作岗位，突发疾病死亡或者在 48 小时之内经抢救无效死亡的。

理解与适用

[在工作时间、工作岗位突发疾病]

突发疾病是指上班期间突然发生任何种类的疾病，一般多为心脏病、脑出血、心肌梗死等突发性疾病。职工在工作时间和工作岗位突发疾病当场死亡的，以及职工在工作时间和工作岗位突发疾病后没有当时死亡，但在 48 小时之内经抢救无效死亡的，应当视同工伤。

符合本项情形的，职工所在用人单位原则上应自职工死亡之日起 5 个工作日内向用人单位所在统筹地区社会保险行政部门报告。

【案例 10】入职十余天猝死公司后认定工伤[①]

劳动者：储某，男，年近 60 岁。

雇主方：南京市雨花台区某老年公寓（以下简称老年公寓）。

2015 年 4 月 1 日，储某经人介绍进入老年公寓从事勤杂工工作，双方未签订劳动合同，亦未缴纳社保，双方口头约定月工资 2 000 元。2015 年 4 月 17 日凌晨 4 点，储某因心源性猝死倒在老年公寓。因储某死亡赔偿事宜协商未果，储某的妻子李某将老年公寓诉至法院，法院判决认定储某与老年公寓在事实上存在劳动关系。2016 年 3 月 30 日，南京市人力资源和社会保障局认定储某所受伤害视同工伤。老年公寓不服该认定，提起行政复议，之后又提起行政诉讼，但其请求均未获得支持。

老年公寓认为:《工伤保险条例》的立法意图是分散用人单位的工伤风险。储某在老年公寓处死亡时仅工作 17 天，来不及缴纳社保。老年公寓对一个年近 60 岁的老人在睡眠中死亡承担工伤责任，不符合工伤保险立法宗旨。老年公寓是非营利性机构，注册资本仅 5 万元，如果按储某家属诉求，老年公寓必然倒闭，会引起严重的社会后果。

法院一审判决老年公寓赔偿 60 余万元。

① 案例改编自（2017）苏 0114 民初 3236 号、（2017）苏 01 行终 41 号。

情景一　在工作时间和工作岗位，突发疾病死亡或者在 48 小时之内经抢救无效死亡的		
姓名	班级	日期

【案例 11】护工猝死未缴纳工伤保险 敬老院被判赔数十万元

某敬老院雇佣冯某当护工，双方没有签订书面劳动合同，敬老院也没有为其缴纳工伤保险。冯某在单位工作期间因病去世。冯某的丈夫、儿女向某仲裁委员会申请仲裁，密云区人社局认定为视同工伤，该仲裁委裁决敬老院支付冯某的丈夫、儿女各项损失共计 60 多万元，后敬老院不服该仲裁裁决，将冯某的丈夫、儿女告上法院，要求不支付上述费用。法院驳回了原告敬老院的诉讼请求。

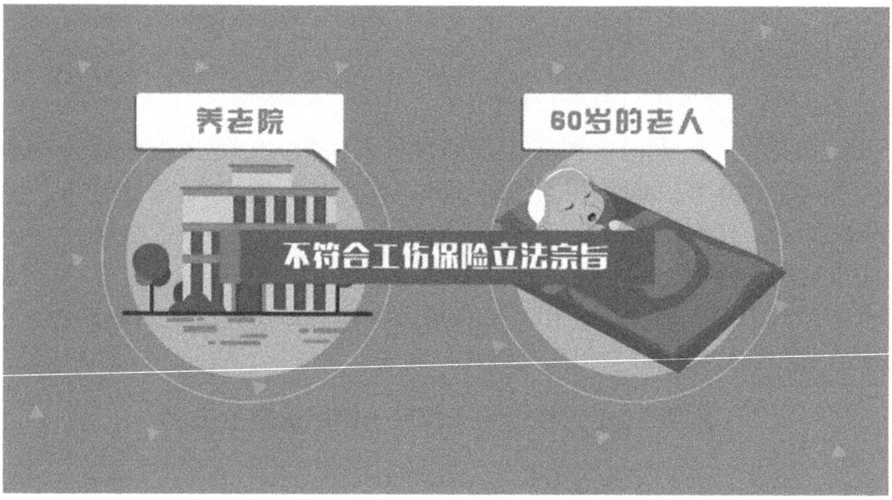

基层养老院是否处于弱势地位？南京市雨花台区某老年公寓的观点是否有道理？如何破解这个难题？

阅读思考

非工作时间原因发病的，不予认定工伤①

原审法院查明，原审原告邹某某与王某某系夫妻关系，王某某系原审第三人——贵州省娄山关渝黔养老服务有限公司（以下简称公司）综合部厨师。2018 年 6 月 11 日 18 时 36 分，王某指纹签退下班（该公司规定，职工需要打卡上下班），事发当日，公司未安排王某某加班，公司也未安排消夜。当日 20 时许，王某某在第三人公司二楼棋牌室看别人打麻将时突发疾病，20 时 38 分被送入桐梓县人民医院进行救治，经抢救无效，于 21 时 19 分确认死亡。2018 年 9 月 5 日，遵义医学院附属医院司法鉴定中心司法鉴定意见书鉴定意见：王某某死亡原系因脑底动脉瘤破裂致蛛网膜下腔出血性死亡，冠心病可为辅助死因。2018 年 6 月 14 日，邹某某向被

① 案例改编自（2019）黔 03 行终 407 号。

情景一　在工作时间和工作岗位，突发疾病死亡或者在 48 小时之内经抢救无效死亡的		
姓名	班级	日期

告遵义市人社局提出工亡认定申请，邹某某在补充提交申请材料后，被告于 2018 年 9 月 14 日受理了原告的申请，并通知第三人公司参加行政程序，收集了庭审中提交的证据后，于 2018 年 12 月 28 日作出遵义市人社工不认字〔2018〕70169 号《不予认定工伤决定书》，认定王某某的死亡不符合《工伤保险条例》第十四条、第十五条的规定，决定不予以认定工伤或者视同工伤。邹某某在收到该决定书后，于 2019 年 3 月 21 日向遵义市中级人民法院起诉，该院受理后，作出（2019）黔 03 行初 173 号行政裁定书，将案件移交本院审理。

原审法院认为，根据《工伤保险条例》第五条的规定，被告遵义市人社局作为遵义市劳动保障行政主管部门，负责本行政区域内的工伤保险管理工作，具有对其管辖范围内的用人单位和个人提出的工伤认定进行审核并作出工伤行政确认的主体资格和法定职权。被告在受理第三人的工伤认定申请后，依法进行调查，通知第三人公司举证及参加行政程序，作出《不予认定工伤决定书》后送达双方当事人，程序合法。原告之夫王某某是第三人公司厨师，2018 年 6 月 11 日 18 时 36 分指纹签退下班，当日 20 时许，王某某在第三人公司二楼棋牌室看别人打麻将时突发疾病，20 时 38 分被送入桐梓县人民医院进行救治，经抢救无效，于 21 时 19 分确认死亡。2018 年 9 月 5 日，遵义医学院附属医院司法鉴定中心司法鉴定意见书鉴定意见：王某某死亡原因系脑底动脉瘤破裂致蛛网膜下腔出血性死亡，冠心病可为辅助死因。上述事实，有被告提交在卷证据佐证，足以认定。

第三人公司规定，职工上下班需要打卡，事发当日，公司未安排王某某加班，也未安排消夜，为此，王某某在打卡签退下班后看别人打麻将，该段时间不属于工作时间，其工作场所是公司的综合部厨房，而其看打麻将突发疾病的地点在第三人公司二楼棋牌室，该场所属于公司职工休息娱乐的场所，不属于王某某的工作场所，其在看打麻将时突发疾病经抢救无效死亡，也不属于因工作原因突发疾病经抢救无效死亡。为此，虽然王某某是在第三人公司内突发疾病经抢救无效死亡的，但是其死亡不符合《工伤保险条例》第十四条和第十五条的规定，被告作出不予认定工伤和不予视同工伤的决定，符合行政法规的规定，本院予以支持。原告的主张没有事实依据，本院不予支持。

综上所述，被告所作被诉不予工伤认定决定事实清楚，证据充分，适用法规正确，认定结果正确，程序合法，依法应予支持并驳回原告的诉讼请求。依照《中华人民共和国行政诉讼法》第六十九条：“行政行为证据确凿，适用法律、法规正确，符合法定程序的，或者原告申请被告履行法定职责或者给付义务理由不成立的，人民法院判决驳回原告的诉讼请求。”的规定，判决驳回原告邹某某的诉讼请求。案件受理费 50 元，由原告承担。

本院认为，根据公安机关及遵义市人社局对戴某鸣、娄某群、李某、王某康等多人的调查笔录可以反映出，公司日常实行上下班指纹考勤打卡的工作制度，上诉

情景一　在工作时间和工作岗位，突发疾病死亡或者在 48 小时之内经抢救无效死亡的		
姓名	班级	日期

人丈夫王某某死亡当天，公司并未安排王某某加班。同时与王某某同在公司厨房工作的全某证实："王某某在当天没有和他人发生纠纷，也没有磕碰摔倒，同时公司厨房基本不存在加班的情况，大家不吃夜宵。"与王某某同为公司厨师的王某康证实，王某某死亡当日在公司并未与他人发生争执，也没有发生意外摔倒，且当天公司并未安排厨师加班。此外，居住在公司的孤寡老人季某明能够证实："公司没有提供夜宵，我们也不吃夜宵，实在饿了就到外面街道商店购买一点零食吃。公司没有其他人在食堂吃夜宵。"故王某某死亡当日通过指纹考勤签退下班后，公司不存在安排其晚上继续工作的情形。

公司二楼棋牌室作为职工或者居住在公司的孤寡老人娱乐休息的场所，与王某某从事厨师的工作无关。其下班后在上述场所观看他人打麻将的行为，不能认定为工作时间和工作岗位。本案根据当时身处棋牌室的证人胡某、全某、李某、黄某等人的证言可以印证，王某某再进入公司棋牌室时尚未发病且在棋牌室内亦未与他人发生争吵或扭打，其发病时间约在当天 20 点左右。王某某发病后，众人对其采取掐人中等短暂急救措施无果后即联合将其送往医院抢救。上诉人主张原审法院对王某某发病时间认定不当，但并未提交证据证明且与人民法院查明案件事实不符，其主张本院不予采纳。综合全案，各证人证言之间能够基本吻合并与相关急诊记录、司法鉴定意见等形成证据锁链，能够准确地反映案件客观事实，王某某的死亡不符合《工伤保险条例》规定中工伤或视同工伤的情形。综上，一审判决认定案件基本事实清楚，证据充分，适用法律正确，依法应予以维持。依照《中华人民共和国行政诉讼法》第八十九条第一款第（一）项之规定，判决如下：驳回上诉，维持原判。

情景二 在抢险救灾等维护国家利益、公共利益活动中受到伤害的		
姓名	班级	日期

情景二 在抢险救灾等维护国家利益、公共利益活动中受到伤害的

《工伤保险条例》第十五条 职工有下列情形之一的，视同工伤：

（二）在抢险救灾等维护国家利益、公共利益活动中受到伤害的。

理解与适用

[在维护国家利益、公共利益活动中受到伤害的]

维护国家利益是指为了减少或者避免国家利益遭受损失，职工挺身而出。维护公共利益是指为了减少或者避免公共利益遭受损失，职工挺身而出。本条例列举了抢险救灾这种情形，是为了帮助大家更好地理解和掌握哪种情形属于维护国家利益和维护公共利益，但凡与抢险救灾性质类似的行为，都应当认定为属于维护国家利益和维护公共利益的行为。需强调的是，在这种情形下，没有工作时间、工作地点、工作原因等要素要求。例如，某单位职工在路过铁路道口时，看到道口附近有一个小孩正牵着一头牛过铁路，这时，前方恰好有一辆满载旅客的列车驶来，该职工赶紧过去将牛牵走并将小孩推出铁路。列车安全地通过了，可该职工却因来不及跑开，被列车撞成重伤。该职工的这种行为就应属于维护国家利益和公共利益的行为。

【案例 12】最高法院公布典型案例：见义勇为受伤，视同工伤①

劳动者：罗某某。

雇主方：重庆市涪陵志大物业管理有限公司（以下简称涪陵志大物业公司）。

罗某某系涪陵志大物业公司保安。2011 年 12 月 24 日，罗某某在涪陵志大物业公司服务的圆梦园小区上班（24 小时值班）。8 时 30 分左右，在兴华中路宏富大厦附近有人对一过往行人实施抢劫，罗某某听到呼喊声后立即拦住抢劫者，要求其交出抢劫的物品，在与抢劫者搏斗的过程中，罗某某不慎从 22 步台阶上摔倒在巷道拐角的平台上受伤。罗某某于 2012 年 6 月 12 日向被告涪陵区人社局提出工伤认定申请。涪陵区人社局当日受理后，于 2012 年 6 月 13 日向罗某某发出《认定工伤中止通知书》，要求罗某某补充提交见义勇为的认定材料。2012 年 7 月 20 日，罗某某补充了见义勇为相关材料。涪陵区人社局核实后，根据《工伤保险条例》第十四条第七项规定，于 2012 年 8 月 9 日作出涪人社伤险认决字〔2012〕676 号《认定工伤决定书》，认定罗某某所受之伤属于因工受伤。涪陵志大物业公司不服，向法院提起行政诉讼。在行政诉讼过程中，涪陵区人社局作出《撤销工伤认定决定书》，并于

① 找法网. 最高院公布典型案例：见义勇为受伤，视同工伤！ [EB/OL].[2018-06-28][2023-10-05] https://baijiahao.baidu.com/s?id=1604506755616161871&wfr=spider&for=pc.

情景二　在抢险救灾等维护国家利益、公共利益活动中受到伤害的		
姓名	班级	日期

2013 年 6 月 25 日根据《工伤保险条例》第十五条第一款第（二）项规定，作出涪人社伤险认决字〔2013〕524 号《认定工伤决定书》，认定罗某某受伤属于视同因工受伤。涪陵志大物业公司仍然不服，于 2013 年 7 月 15 日向重庆市人社局申请行政复议，重庆市人社局于 2013 年 8 月 21 日作出渝人社复决字〔2013〕129 号《行政复议决定书》，予以维持。涪陵志大物业公司认为涪陵区人社局的认定决定适用法律错误，罗某某所受伤依法不应认定为工伤。遂诉至法院，请求判决撤销《认定工伤决定书》，并责令被告重新作出认定。

另查明，重庆市涪陵区社会管理综合治理委员会对罗某某的行为进行了表彰，并作出了涪综治委发〔2012〕5 号《关于表彰罗某某同志见义勇为行为的通报》。

裁判结果：重庆市涪陵区人民法院于 2013 年 9 月 23 日作出（2013）涪法行初字第 00077 号行政判决，驳回涪陵志大物业公司要求撤销被告作出的涪人社伤险认决字〔2013〕524 号《认定工伤决定书》的诉讼请求。一审宣判后，双方当事人均未上诉，裁判现已发生法律效力。

裁判理由：《重庆市鼓励公民见义勇为条例》为重庆市地方性法规，其第十九条、第二十一条进一步明确规定，见义勇为受伤视同工伤，享受工伤待遇。该条例的上述规定符合《工伤保险条例》的立法精神，有助于最大限度地保障劳动者的合法权益、最大限度地弘扬社会正气，在本案中应当予以适用。

法院生效裁判认为：被告涪陵区人社局是县级劳动行政主管部门，根据国务院《工伤保险条例》第五条第二款规定，具有受理本行政区域内的工伤认定申请，并根据事实和法律作出是否工伤认定的行政管理职权。被告根据第三人罗某某提供的重庆市涪陵区社会管理综合治理委员会《关于表彰罗某某同志见义勇为行为的通报》，认定罗某某在见义勇为中受伤，事实清楚，证据充分。罗某某不顾个人安危与违法犯罪行为作斗争，既保护了他人的个人财产和生命安全，也维护了社会治安秩序，弘扬了社会正气。对于见义勇为，应当予以大力提倡和鼓励。

《工伤保险条例》第十五条第一款第（二）项规定：职工在抢险救灾等维护国家利益、公共利益活动中受到伤害的，视同工伤。据此，虽然职工不是在工作地点、因工作原因受到伤害，但其是在维护国家利益、公共利益活动中受到伤害的，也应当按照工伤处理。公民见义勇为，跟违法犯罪行为作斗争，与抢险救灾一样，同样属于维护社会公共利益的行为，应当予以大力提倡和鼓励。因见义勇为、制止违法犯罪行为而受到伤害的，应当适用《工伤保险条例》第十五条第一款第（二）项的规定，即视同工伤。

情景三　负伤致残军人旧伤复发的		
姓名	班级	日期

情景三　负伤致残军人旧伤复发的

《工伤保险条例》第十五条　职工有下列情形之一的，视同工伤：

（三）职工原在军队服役，因战、因公负伤致残，已取得革命伤残军人证，到用人单位后旧伤复发的。

职工有前款第（一）项、第（二）项情形的，按照本条例的有关规定享受工伤保险待遇；职工有前款第（三）项情形的，按照本条例的有关规定享受除一次性伤残补助金以外的工伤保险待遇。

理解与适用

[职工原在军队服役，因战、因公负伤致残，已取得革命伤残军人证，到用人单位后旧伤复发的]

因战致残是指：①对敌作战致残；②因执行任务，或者被俘、被捕后不屈致残；③为抢救和保护国家财产、人民生命财产或者参加处置突发事件致残；④因执行军事演习、战备航行飞行、空降和导弹发射训练、试航试飞任务以及参加武器装备科研实验致残；等等。

因公致残是指：①在执行任务中或者在上下班途中，由于意外事件致残；②被认定为因战、因公致残后引旧伤复发；③因患职业病致残；④在执行任务中或者工作岗位上因病致残，或者因医疗事故致残；等等。

旧伤复发是指职工在军队服务期间，因战、因公负伤致残，并取得了革命伤残军人证，到用人单位后其在军队服务期间因战、因公负伤的伤害部位（伤口）发生变化，需要进行治疗或相关救治的情形。

【案例 13】退伍军人在单位旧伤复发，算工伤吗？①

冯某退伍后成为一名车间工人。某日，他在准备拾起一件重物时，突然感到肩膀疼痛，使不上劲，重物掉在地上。其他同事赶忙将冯某送往医院。

经医生检查，冯某是左肩胛骨骨折。医生经询问得知，冯某是一名退伍军人，之前在部队执行任务时在同一部位负过伤。

冯某家属想知道，冯某这次旧伤复发，能认定为工伤吗？

某市人社局工伤保险处工作人员经调查核实后认为，冯某在军队服役时因公负伤致残，已取得革命伤残军人证，到用人单位后旧伤复发，事实清楚，证据充分，根据《工伤保险条例》第十五条第一款第（三）项的规定，应该认定为工伤。

① 中国普法. 退伍军人在单位旧伤复发，算工伤吗？[EB/OL].[2018-08-01][2023-10-05]https://www.sohu.com/a/244603280_391265.

情景三　负伤致残军人旧伤复发的		
姓名	班级	日期

国务院法制办公室对山东省人民政府法制办公室《关于安置在企业的伤残军人能否享受工伤医疗补助金待遇问题的请示》的复函

（国法秘函〔2007〕3 号）

山东省人民政府法制办公室：

你办《关于安置在企业的伤残军人能否享受工伤医疗补助金待遇问题的请示》（鲁府法字〔2006〕26 号）收悉。经与劳动保障部研究，提出以下意见，供参考：

根据《工伤保险条例》第十五条第一款第（三）项关于“职工原在军队服役，因战、因公负伤致残，已取得革命伤残军人证，到用人单位后旧伤复发的”视同工伤的规定，同意你办提出的“对企业伤残军人已在退役前享受残疾抚恤金的，除在企业工作中形成新的伤残，或者旧伤复发外，不能重复享受一次性工伤医疗补助金和一次性伤残就业补助金”的意见。

二〇〇七年一月四日

单元三　不属于工伤

情景一　故意犯罪的

情景二　醉酒或者吸毒的

情景三　自残或者自杀的

情景一　故意犯罪的		
姓名	班级	日期

情景一　故意犯罪的

《工伤保险条例》第十六条　职工符合本条例第十四条、第十五条的规定，但是有下列情形之一的，不得认定为工伤或者视同工伤：

（一）故意犯罪的。

理解与适用

[故意犯罪]

本条只将因故意犯罪导致事故伤害的规定为不认定为工伤的情形。《中华人民共和国刑法》第十四条规定，明知自己的行为会发生危害社会的结果，并且希望或者放任这种结果发生，因而构成犯罪的，是故意犯罪。对故意犯罪的认定，应当以司法机关的生效法律文书或者结论性意见为依据。

【案例 14】员工自己摔倒谎报工伤构成诈骗罪！①

2014 年 2 月 24 日，丁某入职上海某公司，双方签订劳动合同，合同约定实行不定时工作制，并约定丁某依法享受相应的社会保险待遇。但该公司未为丁某缴纳社会保险。

2014 年 11 月 18 日，丁某驾驶公司货车送货后返回。当日晚，丁某骑摩托车载许某、冯某外出就餐饮酒，返回至该公司仓库门口停放车辆时摔倒受伤。

为了获得工伤赔偿，丁某向公司谎称该伤情为上班送货期间摔倒造成的，后被人社局认定为工伤。公司支付医药费 44 251.28 元、工资 12 000 元。

2016 年 3 月 21 日，丁某被公安机关抓获。

一审法院认为：丁某存在非法占有的故意，隐瞒事实，谎报受伤时间，将本应自己承担的费用转嫁公司，已构成诈骗罪。

另查明，根据丁某住院期间的医药费明细、发票和出院小结，其正常医保统筹支付的金额应为 21 757.45 元，其余为自付金额。根据丁某的入职时间、休病假时间及工资情况，公司应支付给其的病假工资为 5 040 元。

一审法院认为：丁某存在非法占有的故意，采用隐瞒事实真相的方法，谎报受伤时间，将本应自己承担的费用转嫁他人，已经实际骗取被害单位钱款，数额较大，符合诈骗罪的构成要件，其行为已构成诈骗罪。

该公司违反法律的强制性规定，未依法为丁某缴纳社会保险，且公司在丁某受伤时亦应支付一定的病假工资。因此，综合本案实际情况，丁某诈骗犯罪情节轻微，可依法对其免予刑事处罚。

① 案例改编自（2017）沪 01 刑终 2205 号。

情景一　故意犯罪的		
姓名	班级	日期

据此，依照《中华人民共和国刑法》第二百六十六条、第三十七条、第六十四条的规定，对丁某犯诈骗罪，免予刑事处罚；丁某未退回的违法所得，继续予以追缴。

丁某不服，提起上诉，认为自己是运货途中受伤的，系工伤，其不存在非法占有的故意，其行为不构成诈骗罪。

其辩护人认为丁某当天下午运货途中受伤的可能性根据现有证据无法排除。即使是晚饭后返回途中在工作场所发生的伤害，也应认定为工伤，且目前人社局出具的工伤认定书尚未被推翻，仍具有法律效力，故原审认定丁某犯诈骗罪的依据不足。

上海市人民检察院第一分院出庭意见认为：丁某存在非法占有的故意，采用隐瞒事实真相的方法，骗取被害公司钱款，数额较大，其行为已构成诈骗罪。原审法院认定丁某犯诈骗罪的事实清楚，证据确凿，定罪量刑均无不当，且一审审判程序合法，建议二审法院驳回丁某上诉，维持原判。

二审法院认为：丁某已构成诈骗罪，一审判决正确，予以维持。

上海市第一中级人民法院经审理认为，丁某存在非法占有的故意，采用隐瞒事实真相的方法，骗取被害公司钱款，数额较大，其行为已构成诈骗罪。

关于丁某受伤是否因工作所致，经查，丁某陈述自己是下午送货时受伤的，但其供述没有相应的证据证实。而根据证人许某、冯某的证言证实，晚上由丁某驾驶摩托车载其二人外出吃饭，返回至公司时丁某驾驶摩托车摔倒受伤。当晚丁某驾驶摩托车、就餐过程中并无异样，丁某摔倒受伤后要求他们为其隐瞒晚上受伤的事实，上述事实丁某也曾供述在案。司法鉴定意见书及鉴定人顾某的证言也印证现有伤势系上诉人丁某晚上骑摩托车返回时摔倒造成的。

关于相关部门对丁某的工伤认定问题。经查，由于丁某隐瞒了自己晚上骑摩托车返回时摔倒的事实，向工伤认定机构谎称自己在工作中受伤，故工伤认定书认定丁某下午工作时受伤，现该工伤认定的行政诉讼已因涉刑中止审理，该工伤认定书不能作为本案认定丁某为工伤的依据。

丁某及其辩护人的辩护意见没有事实和法律依据，本院不予采纳。上海市人民检察院第一分院出庭意见正确，本院予以支持。据此，依照《中华人民共和国刑事诉讼法》第二百二十五条第一款第（一）项之规定，裁定如下：驳回上诉，维持原判。

你是如何理解上述案件的，有哪些启示？

情景一　故意犯罪的		
姓名	班级	日期

阅读以下一则社会新闻，思考养老机构用工安全如何保障。

养老院护工竟是逃犯 26 年前曾持枪抢劫 [①]

2016 年，安徽蚌埠警方抓获了一个潜逃 26 年的犯罪嫌疑人，他曾是持刀、持枪连续抢劫、强奸，作案十余起的犯罪团伙的一员。26 年间，蚌埠警方始终没有放弃对他的追捕，最终在江苏常州一家养老院将他抓获。

眼前这个头发花白，看上去有些苍老的人就是犯罪嫌疑人蒋某武，今年 51 岁，26 年的逃亡生涯让他看上去比实际年龄大很多。26 年前，家住凤阳县的蒋某武伙同其他 16 人，组成一个犯罪团伙，在凤阳、蚌埠两地疯狂作案。

据了解，当时这伙人作案肆无忌惮，给当地居民带来很大的恐慌。当时，这起案件也引起了公安机关的重视。1990 年底，这个犯罪团伙被打掉，团伙的其他成员陆续被抓，接受审判。

然而，犯罪嫌疑人蒋某武却一直在逃，26 年来，蚌埠警方一直没有放弃对他的追捕。2016 年 8 月初，警方得到消息，蒋某武的妻子出现在江苏常州。随后，警方赶到常州，并在一家养老院里发现了蒋某武。原来，蒋某武在养老院里做护工，8 月 15 日，潜逃 26 年之久的蒋某武被抓获归案。

① 常州晚报. 常州某养老院护工 竟是 20 年前犯下抢劫案的逃犯[EB/OL].[2016-08-16][2023-10-05] http:/news.jstv.com/20160816/1471319732881.shtml.

情景二　醉酒或者吸毒的		
姓名	班级	日期

情景二　醉酒或者吸毒的

《工伤保险条例》第十六条　职工符合本条例第十四条、第十五条的规定，但是有下列情形之一的，不得认定为工伤或者视同工伤：

（二）醉酒或者吸毒的。

理解与适用

[醉酒或吸毒]

对醉酒或者吸毒的认定，应当以有关机关出具的法律文书或者人民法院的生效裁决为依据。无法获得上述证据的，可以结合相关证据认定。

醉酒是指职工饮用含有酒精的饮料达到醉酒的状态，在酒精作用期间从事工作受到事故伤害。职工在工作时因醉酒导致行为失控而对自己造成的伤害，不认定为工伤。对于醉酒，应当依据行为人体内酒精含量的检测结果作出认定，如发现行为人体内酒精含量达到或者超过一定标准，就应当认定为醉酒。对于醉酒标准，可以参照《车辆驾驶人员血液、呼气酒精含量阈值与检验》（GB 19522—2010）的规定，即血液中的酒精含量大于或者等于 80 毫克/100 毫升。

关于吸毒。《中华人民共和国禁毒法》第二条规定："本法所称毒品，是指鸦片、海洛因、甲基苯丙胺（冰毒）、吗啡、大麻、可卡因，以及国家规定管制的其他能够使人形成瘾癖的麻醉药品和精神药品。

【案例 15】吸毒认工伤？一波三折的工伤认定行政案件 ①

2017 年 10 月 8 日 17：00 左右，宋某被同事吴某发现躺在寝室的床上，呼之不应，左手手臂插有注射器。吴某见状将注射器拔掉，扔进垃圾桶，并拨打 120、110 求助。120 救护人员赶到后，对宋某进行了抢救和相应的检测，确认宋某已经死亡。公安通过现场勘验，排除他杀和自杀的可能，并提取了相关物证后离开。2017 年 10 月 9 日，宋某所在单位以宋某在工作岗位上突发疾病为由，向人社局申请工伤认定。同日，宋某的哥哥向公安机关申请不进行解剖鉴定。10 月 12 日，宋某的女儿同意不进行解剖鉴定。10 月 13 日，宋某遗体火化。10 月 28 日，人社局根据用人单位的申请，受理了工伤认定。人社局在调查的过程中发现宋某的死因可能与吸毒有关。随即展开深入调查，调查人员找到吴某进行调查询问，吴某承认毒品系由其购买，并交给宋某吸食。宋某当时要求以注射方式吸毒，但宋某采取注射吸毒时吴某并不在场，宋某出事时，手臂上的针头是吴某拔下来扔进垃圾桶的。

① 知乎. 吸毒认工伤？一波三折的工伤认定行政案件[EB/OL].[2020-06-20][2023-10-05] https://zhuanlan.zhihu.com/p/148880019?utm_id=0.

情景二 醉酒或者吸毒的		
姓名	班级	日期

证据不足，《不予认定工伤决定》被撤。

2017 年 10 月 9 日，用人单位以宋某在工作岗位上突发疾病为由，向人社局申请工伤认定。同日，宋某的哥哥向公安机关申请不进行解剖鉴定，10 月 12 日，宋某的女儿同意不进行解剖鉴定。10 月 13 日，宋某遗体火化。10 月 28 日，人社局根据用人单位的申请，受理了工伤认定申请。人社局随后依法展开调查，先到公安机关调取了宋某哥哥的询问笔录、当时在现场的宋某的同事林某的询问笔录。二人均称不知道死因，只是知道死亡的结果。120 救护人员到现场后经过抢救，确认已经死亡的，开出死亡证明，死因复杂的，只做死亡判断，不做死因认定，具体死因，由相关部门依法认定。110 出警后，对现场进行了勘验，调取了相关证据，排除他杀。基于家属不同意做死因鉴定，因此，宋某死亡的原因，同样无法确定。随着调查的深入，人社部门发现，第一个发现宋某死亡的吴某，作为关键证人，没有任何言辞证据，随后找吴某进行调查取证。但却找不到吴某本人，在询问公安机关得知，吴某在 2017 年 10 月被强制戒毒了。公安机关提供了吴某在 2017 年 10 月 8 日事发当天的询问笔录。该笔录详细记载了宋某与吴某有吸毒的意思表示，吴某如何购买的毒品，并交给宋某，以及吴某发现宋某时，将注射器从宋某的手臂上拔出，丢弃在垃圾桶的全过程。后办案人员又到关押吴某的强制戒毒所找吴某做了一份调查笔录。至此，一个吸毒导致猝死的事实已经完全呈现出来。随后，人社局作出了《不予认定工伤决定》。

宋某家属不服，诉至法院。一审法院审理认为：人社局没有宋某吸毒史或者曾经吸毒被强制隔离戒毒的证据，也没有直接证据证明宋某在用人单位宿舍内注射毒品死亡的证据。主要证据不足。随后，作出了撤销《不予认定工伤决定》的判决。

重新调查，上诉再被驳回。

人社局接到一审判决后，依法重新展开调查，补充调查了 120 救护人员的调查笔录，以及宋某所在用人单位监控室工作人员的调查笔录。再次作出了《不予认定工伤决定》。

家属不服，再次诉至法院。

一审法院审理认为：人社局不得以同一的事实和理由作出与原具体行政行为基本相同的行政行为，再次撤销了人社局作出的《不予认定工伤决定》，人社局不服，上诉至中级人民法院，中级人民法院判决：驳回上诉，维持原判。人社局第二次败诉。

补充证据，《不予认定工伤决定》终得支持。

根据前两次诉讼的败诉原因，人社局认为，主要问题出现在证据上。随后，笔者向人社局出具了调查取证的相关建议。人社局依法向公安机关出具了《协助调查函》，要求公安机关依法提供：①现场勘验取得的相关证据；②法医就现场出警的情况说明；③其他能够证明现场情况的其他证据。公安机关根据《协助调查函》的要

情景二　醉酒或者吸毒的		
姓名	班级	日期

求，依法提供了出警现场的勘验照片，以及法医对宋某所做的《尸表检验情况说明》。取得公安机关的证据后，人社局第三次作出《不予认定工伤决定》并送达家属。家属不服，诉至法院。一审法院审理后认为：根据吴某的多份调查笔录，以及公安机关出具的现场照片和尸表检验说明，证据之间能够相关印证，符合正常的逻辑判断，能够证明宋某死亡前存在吸毒行为的事实。根据《工伤保险条例》第十六条第（二）项之规定，人社部门作出不予认定工伤决定并无不当。驳回家属的诉求。家属不服诉至中级人民法院。中级人民法院经审理，认为一审法院认定事实清楚，适用法律正确，遂作出维持一审判决，驳回上诉的终审判决。

学习活动　启示思考

复杂案例

醉酒并非不予认定工伤的充要事由[①]

醉酒不应一律作为不予认定工伤的事由，而应视职工醉酒与自身伤亡事故之间是否存在因果关系作区别对待。如果职工醉酒造成行为失控进而引发自身伤亡事故，则对职工不予认定工伤；如果职工醉酒与自身伤亡事故之间不存在因果关系，则不得以醉酒为由对职工不予认定工伤。

案情

原告：田某、刘某武、杨某珍、龚某涵、龚某宥。

被告：济南市人力资源和社会保障局。

第三人：济南黄河路桥建设集团有限公司。

2016 年 12 月 03 日 22 时 12 分许，杨某成超速驾驶超载的鲁 AE9198/鲁 AQ032 挂号重型半挂牵引车沿省道 102 线由东向西行驶，行驶至 16 千米 525.8 米处（芙蓉茶楼路口）时，与饮酒后由南向北通过路口的行人龚某刚发生道路交通事故，造成龚某刚死亡，车辆损坏。济南市公安局交通警察支队作出的《道路交通事故认定书》认定：杨某成承担事故全部责任，龚某刚不承担事故责任。济南市公安局交通警察支队作出的《检验鉴定报告》检验意见为：杨某成静脉血中未检出乙醇成分，龚某刚血液中检出乙醇成分，含量 204 毫克/100 毫升。2016 年 12 月 23 日，第三人济南黄河路桥集团有限公司（以下简称黄河路桥公司）向济南市人社局提交龚某刚工伤认定申请表。因缺少材料，济南市人社局向黄河路桥公司作出工伤认定申请材料补正通知书。材料补正后，济南市人社局于 2017 年 1 月 10 日予以受理。

2017 年 2 月 6 日，济南市人社局作出 F2017010011 号《不予认定工伤决定书》，

① 曹磊.「微案例」醉酒不应成为认定工伤阻却事由[EB/OL].[2018-10-18][2023-10-05] https://baijiahao.baidu.com/s?id=1614452622418223926&wfr=spider&for=pc.

情景二 醉酒或者吸毒的		
姓名	班级	日期

主要内容为：龚某刚，男，黄河路桥公司职工。2016年12月3日22时12分，龚某刚与同事在饭店吃完饭后准备返回项目部，步行至省道102线16千米525.8米处时被一半挂车撞到致死。《道路交通事故认定书》及《检验鉴定报告》载明龚某刚发生交通事故时血液中的乙醇含量为204毫克/100毫升。根据《工伤保险条例》第十六条第一款第（二）项和《社会保险法》第三十七条第（二）项的规定，"醉酒或者吸毒的"不得认定为工伤。《实施〈社会保险法〉若干规定》第十条规定："社会保险法第三十七条第二项中的醉酒标准，按照《车辆驾驶人员血液、呼气酒精含量阈值与检验》（GB19522—2004）执行。公安机关交通管理部门，医疗机构等有关单位依法出具的检测结论、诊断证明等材料，可以作为认定醉酒的依据。"《车辆驾驶人员血液、呼气酒精含量阈值与检验》（GB19522—2004）规定醉酒的标准为血液中的酒精含量大于或者等于80毫克/100毫升，《检验鉴定报告》证明龚某刚血液中的酒精含量为204毫克/100毫升，已经达到醉酒标准。

据此，本机关对龚某刚死亡，不予认定或者视同工伤。

审判

济南市历下区人民法院经审理认为，《最高人民法院关于审理工伤保险行政案件若干问题的规定》第一条规定："人民法院审理工伤认定行政案件，在认定是否存在《工伤保险条例》第十四条第（六）项'本人主要责任'、第十六条第（二）项'醉酒或者吸毒'和第十六条第（三）项'自残或者自杀'等情形时，应当以有权机构出具的事故责任认定书、结论性意见和人民法院生效裁判等法律文书为依据，但有相反证据足以推翻事故责任认定书和结论性意见的除外。"本案中，《道路交通事故认定书》明确记载龚某刚在发生交通事故时属于饮酒后的状态，并且《检验鉴定报告》中也明确记载：龚某刚血液中检验出乙醇成分，含量为204毫克/100毫升。工伤保险的建立目的是保障因工作遭受事故伤害或者患职业病的职工获得医疗救治和经济补偿。国家建立基本养老保险、工伤保险等社会保险制度也是为保障公民在年老、工伤等情况下依法从国家和社会获得物质帮助的权利。

《社会保险法》第三十七条规定："职工因下列情形之一导致本人在工作中伤亡的，不认定为工伤：（一）故意犯罪；（二）醉酒或者吸毒；（三）自残或者自杀；（四）法律、行政法规规定的其他情形。"该条系关于不认定为工伤情形的规定，而该条第（四）项是授权法律、行政法规可以对工伤认定的排除作出规定。《工伤保险条例》第十四条、第十五条规定了认定工伤或者视同工伤的具体条件，同时该条例第十四条的部分内容和第十六条也明确出现"受到本人主要责任的交通事故""醉酒或者吸毒"等特殊情形时，职工虽然符合工伤或者视同工伤的条件，但也不能认定为工伤或者视同工伤。因此，《社会保险法》与《工伤保险条例》在本案适用上并不存在矛盾。

本案中，龚某刚系工作结束后与同事一起外出用餐时饮酒，其在返回时所受伤

情景二 醉酒或者吸毒的		
姓名	班级	日期

害并非发生在工作中。龚某刚在交通事故中其本人虽不承担责任，即使其符合《工伤保险条例》第十四条第（六）项规定的情形，但因其属于醉酒，仍不得认定为工伤。综上，济南市人社局做出的《不予认定工伤决定书》程序合法，事实证据确凿，适用法律并无不当。济南市历下区人民法院判决：驳回原告田某、刘某武、杨某珍、龚某涵、龚某宥的诉讼请求。

一审判决后，田某、刘某武、杨某珍、龚某涵、龚某宥向济南市中级人民法院提起上诉。

二审法院认为，当事人在本案中的争议焦点问题为：醉酒是否一律成为认定工伤的阻却条件。该法律适用问题之所以产生争议，系因《工伤保险条例》与《社会保险法》对此作出了不完全一致的规定。《工伤保险条例》第十六条规定："职工符合本条例第十四条、第十五条的规定，但是有下列情形之一的，不得认定为工伤或视同工伤:（一）故意犯罪的;（二）醉酒或者吸毒的;（三）自残或者自杀的。"《社会保险法》第三十七条规定："职工因下列情形之一导致本人在工作中伤亡的，不认定为工伤:（一）故意犯罪;（二）醉酒或者吸毒;（三）自残或者自杀;（四）法律、行政法规规定的其他情形。"可以看出，《工伤保险条例》与《社会保险法》关于醉酒不予认定工伤的规定是不一致的。从文义上理解，前者规定无论醉酒与职工伤亡之间是否存在因果关系，均不得认定为工伤；而后者中"导致本人在工作中伤亡"的表述则强调了醉酒与职工伤亡之间的因果关系，即醉酒造成行为失控进而引发职工伤亡事故的，对于职工伤亡不认定为工伤；如果醉酒与职工伤亡事故之间不存在因果关系，则不得以醉酒为由不予认定工伤。此为两个规定文义解释效果不一致之处，也是本案争议产生的根源，需要解决法律规范竞合的选择适用问题。《中华人民共和国立法法》第九十九条第一款规定："法律的效力高于行政法规、地方性法规、规章。"按照此规定，《社会保险法》在效力上高于《工伤保险条例》，两个规定出现不一致时，应当以前者规定为裁判依据。

因此，就醉酒是否作为认定工伤的阻却条件而言，应当以《社会保险法》的规定为评判标准，即如果醉酒行为系职工伤亡事故的引发原因，则醉酒成为认定工伤的阻却条件；反之，则不应成为认定工伤的阻却条件。回到本案，龚某刚在交通事故发生时虽处于醉酒状态，但《交通事故认定书》认定龚某刚不负事故责任，这说明事故的发生并非龚某刚醉酒所致，即龚某刚醉酒与交通事故发生、龚某刚死亡之间不存在因果关系。被上诉人济南市人社局及一审法院在未区分醉酒与伤亡事故发生是否存在因果关系的情况下，单纯以醉酒为由不予认定龚某刚工伤，属法律适用不当，应予纠正。5 名上诉人要求撤销济南市人社局作出的《不予认定工伤决定书》的诉讼请求，应当予以支持。另外，行政诉讼司法审查范围限于行政机关的具体行政行为。济南市人社局作出的《不予认定工伤决定书》中对于龚某刚不予认定工伤的事由为"醉酒"，该决定书对于龚某刚死亡是否发生在"工作时间"并未进行认

情景二 醉酒或者吸毒的		
姓名	班级	日期

定，因此，本院对5名上诉人关于此事实的上诉理由不予审查。

同时，工伤认定需要综合考虑工作原因、工作场所、工作时间等要素，本院认为醉酒不应成为龚某刚认定工伤的阻却事由，不等同于认定龚某刚构成工伤。至于龚某刚是否构成工伤属于济南市人社局行政职权范围，应由其依法重新作出认定。二审法院判决：撤销济南市历下区人民法院（2017）鲁0102行初158号行政判决；撤销被上诉人济南市人社局作出的F2017010011号《不予认定工伤决定书》；被上诉人济南市人社局于本判决书生效之日起30日内，重新作出关于龚某刚工伤认定的具体行政行为。

评析

本案系因法律规范竞合导致的法律适用疑难案件，如果法官能够谙熟法律规范竞合的选择适用规则，案中难题自可迎刃而解，并可避免无的放矢、自相矛盾的说理论证。同时，本案涉及司法权对行政权的审查范围、目的解释的功能与适用条件等较为复杂的法理问题，值得我们结合案件进行深入的分析讨论。重点来说，透彻理解以下三个方面的问题尤为重要。

1. 掌握法律规范竞合的选择适用规则

法律规范由构成要件和法律效果两部分构成。两个以上的法律规范的构成要件发生重合或者交叉，而使同一法律事实为两个以上的法律规范所涵摄，这种情况被称为法律规范竞合。在法律规范出现竞合的情形下，适用不同的法律规范可能会出现以下三种不同的法律效果：一是法律效果完全相同；二是法律效果不同，但可以同时并存；三是法律效果不同，且不可并存。对于第一种情况，不会引起法律适用争议，无须过多探讨。对于第二种情况，通常被称为“并存式法律竞合”，此时需要借助体系解释等方法对不同的法律效果进行统一，整合出一个无矛盾的结论。对于第三种情况，因为法律效果不同，且不能兼容，构成规范之间的冲突，通常被称为“冲突式法律竞合”。本案中，《社会保险法》与《工伤保险条例》中关于“醉酒不予认定工伤”的规定不尽相同。前者虽然规定醉酒系工伤认定阻却事由，但同时要求职工伤亡系醉酒所致，即醉酒与职工伤亡之间应当具有因果关系；后者仅规定醉酒系工伤认定阻却事由，对因果关系未作限制。两规定均对“醉酒不予认定工伤”作出了规定，但是对本案事实进行涵摄后却产生了不同的法律效果，并且两种效果无法兼容或互为补充，形成“冲突式法律竞合”。

面对“冲突式法律竞合”，法官需要运用法律规范竞合选择理论对矛盾予以化解。法律规范竞合选择理论主要包含“上位法优于下位法”“新法优于旧法”“特别法优于普通法”三个选择规则。“冲突式法律竞合”既可能发生在同位法之间，亦可能发生在异位法之间。当法律竞合发生于同位法之间时，应适用“新法优于旧法”和“特别法优于普通法”规则；当竞合发生于异位法之间时，应适用“上位法优于下位法”规则。本案中，《社会保险法》与《工伤保险条例》分属不同的位阶，前者

情景二　醉酒或者吸毒的		
姓名	班级	日期

系法律，属于上位法，后者系行政法规，属于下位法。两者的冲突应当通过“上位法优于下位法”选择规则予以解决，即本案应当适用上位法《社会保险法》而非下位法《工伤保险条例》。因此，醉酒是否成为工伤认定阻却事由应当考虑醉酒与伤亡之间的因果关系。如果职工在工作中因醉酒导致行为失控进而对自己造成伤害，不认定为工伤，而职工在工作中醉酒但因其他原因导致对自己造成伤害，应认定为工伤。本案中，济南市人社局及一审法院均未认识到两者之间的不一致，反而认为两者之间并无任何不同，造成对法律的理解与适用不当。同时，需要注意的是，虽然现行《工伤保险条例》于 2011 年 1 月 1 日生效，而现行《社会保险法》于 2011 年 7 月 1 日生效，从生效时间看，《社会保险法》系新法，《工伤保险条例》系旧法。但是，本案并不能适用“新法优于旧法”的法律竞合选择规则，因为该两者并非同一位阶。

2. 保持司法权与行政权的行使边界

行政诉讼的主要目的在于控制权力，即通过司法权对行政行为的合法性审查进而规范行政权力的行使。司法权的本质是判断权，行政权的本质是管理权。就权力行使的先后顺序而言，应当是先有行政执法权，后有司法审查权。但是，两种权力均来源于最高权力机关并对最高权力机关负责，无大小之分，而应当根据分工各自限制于自己的领域，保持权力行使的边界。因此，人民法院在司法过程中不能代替行政机关作出决定，即司法权不能替代行政权。最高人民法院的司法解释也认可在诉讼中法院应尊重行政机关的判断，尤其是在一些技术性强的领域。因为司法机关既无强制，又无意志，只有判断，而且为实施其判断亦须借助行政部门的力量。就工伤认定而言，对于死者是否构成工伤，涉及死者是不是合法供职的劳动者、是否由于工作原因、是否在工作时间和工作地点等，对于上述事实的查明属于技术性领域的，需要通过行政执法权进行调查完成，而不能通过司法权予以解决。如果司法权以“根本解决行政争议”为由强行对上述事实予以调查认定，则逾越了司法权的边界，僭越了行政权。本案中，济南市人社局作出的《不予认定工伤决定书》以“醉酒为由”对死者龚某刚不予认定工伤，从该决定书认定事实内容看，济南市人社局并未对龚某刚伤亡发生是否在工作时间进行调查和认定。因此，法院应仅就济南市人社局作出具体行政行为所依据的事实和法律的正确性、合法性进行审查判断，而不应超出审查范围。

一审法院在本院认为部分关于“龚某刚系工作结束后与同事一起外出用餐时饮酒，其在返回时所受伤害并非发生在工作中”的认定，超出了司法权对行政行为的审查范围，系司法权的不当行使。二审法院认为“对龚某刚死亡是否发生在工作中的事实不予审查”，并明确工伤认定的权力系行政权职责范围，系对一审法院不当审查的纠正。综合以上分析，工伤的认定系行政权行使范围，工伤认定是否合法系司法权判断范围，无论行政机关对工伤认定正确与否，法院均只能作出合法性评价，

情景二 醉酒或者吸毒的		
姓名	班级	日期

而不得替代行政机关径行作出工伤认定。两权力正如足球场上的球员和裁判，球员只负责踢球，裁判只负责吹哨，即使裁判拥有一流的球技，亦不得在比赛中主动触碰足球。因此，在工伤认定书没有对龚某刚死亡是否发生在“工作时间”进行认定的情况下，即使出于诉讼效率和根本解决行政争议的考虑，法院亦不能对此直接进行认定。

3. 避免目的解释的误读滥用

目的解释是指通过探求制定法律文本的目的以及特定法律条文等的立法目的来阐释法律含义。目的解释的功能在于，当法律文本存在多种解释结论时，通过对立法目的和旨意的探求，选取符合立法目的的解释结果。结合本案，假如现行法律法规仅有《工伤保险条例》，而没有《社会保险法》。在此情形下，若由于《工伤保险条例》第十六条中关于醉酒不认定工伤的规定不够明确（是否考虑因果关系），导致不同法官对该规定产生不同的解释，因上位法缺失，无法通过选择适用上位法解决争议，则有必要运用目的解释，通过对工伤保险立法目的探究作出符合立法目的的解释。整体而言，目的解释有助于实现立法意图，在法律解释中具有重要的价值。正是如此，目的解释给予解释者以最大的自由空间，让解释者“自己的理性”能够充分发挥作用。目的解释给裁判者带来宽松的解释自由，导致人们对其产生一种莫名其妙的好感和信赖，并错误地认为目的解释是一把“万能钥匙”，可以打开任何疑难案件中的困惑之锁。本案一审即对目的解释滥用的典型。本案所面临的疑难问题属于两个法条竞合时对法律规范的选择适用问题，而非同一法条出现多个解释结论时对解释结论的选择问题，因此，应当通过“上位法优于下位法”规则对本案法律规范的冲突问题予以解决，而无须，更不应运用目的解释对工伤保险的立法目的和精神进行探究。一审判决颇费笔墨地阐释工伤保险的立法目的——保障伤亡职工获得医疗救治和经济补偿，然而，一审作出的判决结论却与其探究的立法目的相背而行，让人对其运用目的解释的意图深感不解。一审所犯错误在于，未对目的解释功能及适用条件进行考察，在不应当适用目的解释的情况下错误对其适用。简言之，本案根本不具备适用目的解释的条件，即便是在二审判决中，关于工伤保险立法目的的探究亦非锦上添花之举，而是多余的。

复杂案件

导读:《道路交通事故认定书》中虽然认为叶某平醉酒后驾驶自行车，但是亦认为该违法行为与此次交通事故的发生没有因果关系，认定叶某平在此事故中无责任。且上诉人提交的《法医学尸体检验鉴定书》中的鉴定意见为“叶某平符合交通事故造成颅脑损伤合并创伤性失血性休克致死亡”。即叶某平发生交通事故导致的死亡与其是否醉酒并不存在任何关联性。故被上诉人在未考虑上述因素的情况下，直接适用《工伤保险条例》第十六条的规定作出被诉之顺良保工认字（2014）10006 号

情景二 醉酒或者吸毒的		
姓名	班级	日期

《工伤认定决定书》，认定叶某平的死亡不属于工伤，属于适用法律错误，依法应予撤销。

兰某双、叶某星、叶某与佛山市顺德区民政和人力资源社会保障局（以下简称顺德区民社局）劳动行政确认二审行政判决书。

佛山市中级人民法院二审（2015）佛中法行终字第266号。

当事人信息

上诉人（原审原告）兰某双，女，畲族，住江西省赣州市××县。

上诉人（原审原告）叶某星，女，汉族，住江西省赣州市××县。

上诉人（原审原告）叶某，男，汉族，住江西省赣州市宁都县。

被上诉人（原审被告）佛山市顺德区民社局，住所地佛山市顺德区大良新城区××路行政办公大楼××楼。

原审第三人广东顺德大地园林环境工程有限公司，住所地佛山市顺德区××路××号地桦业楼二楼。

审理经过

上诉人兰某双、叶某星、叶某因诉佛山市顺德区民社局劳动行政确认一案，不服佛山市顺德区人民法院（2015）佛顺法行初字第17号行政判决，向本院提起上诉。本院依法组成合议庭，对本案进行了审理，现已审理终结。

一审法院查明

原审法院审理查明：叶某平生前居住在佛山市顺德区××楼××座××号，是广东顺德大地园林环境工程有限公司（以下简称大地园林公司）的清洁工，负责顺德区大良金榜辖区的道路清洁工作。2014年8月19日3时左右，叶某平骑自行车从住处出发前往负责清洁的路段上班，行至顺德区大良桂畔路朝阳轮胎对开路段时，叶某平与一辆小轿车发生碰撞，事故导致叶某平当场死亡。

经交警部门认定，叶某平在此事故中无责任，事发时叶某平血液中的乙醇含量为152.3毫克/100毫升。

2014年9月5日，大地园林公司就叶某平的死亡情形向原佛山市顺德区人社局申请工伤认定，经补齐材料，顺德区人社局于2014年10月9日受理。经调查核实，顺德区人社局于2014年11月11日作出顺良保工认字（2014）10006号《工伤认定决定书》，并于同年11月17日分别送达兰某双和大地园林公司。又查，兰某双是叶某平的配偶，叶某星、叶某是叶某平的子女。2014年8月19日，佛山市顺德区公安局交通警察大队委托广东省佛山市顺德区公安局司法鉴定中心对叶某平的死亡原因进行鉴定，鉴定结论为“叶某平符合交通事故造成颅脑损伤合并创伤性失血性休克致死亡”。另查，根据粤机编发（2014）32号《广东省机构编制委员会关于印发顺德区人民政府职能转变和机构改革方案的通知》规定，组建顺德区民社局，将顺德区民政宗教和外事侨务局的双拥优抚、民间组织、区划地名、婚姻、收养登记职

情景二 醉酒或者吸毒的		
姓名	班级	日期

责，以及顺德区人社局的职责，整合划入顺德区民社局，顺德区人社局不再保留。

一审法院认为

原审法院认为：根据《工伤保险条例》第五条第二款和《广东省工伤保险条例》第五条第二款的规定，顺德区人社局对工伤事故有作出工伤认定的职权。现因顺德区人社局不再保留，继续行使其职权的顺德区民社局是案件适格的被告。顺德区人社局受理大地园林公司的工伤认定申请后经调查在法定期限内作出工伤认定决定书并送达兰某双和大地园林公司，程序合法。

各方当事人对叶某平在上班途中受到非本人主要责任的交通事故伤害致死的事实无异议，争议的焦点是叶某平的死亡情形应否认定为工伤。

经查，虽然《工伤保险条例》第十四条第（六）项规定"职工在上下班途中，受到非本人主要责任的交通事故或者城市轨道交通、客运轮渡、火车事故伤害的"情形，应当认定为工伤。但该条例第十六条同时规定："职工符合本条例第十四条、第十五条的规定，但是有下列情形之一的，不得认定为工伤或者视同工伤：……（二）醉酒或者吸毒的；……"

据此，醉酒是职工认定工伤或者视同工伤的排除情形。对叶某平在事发时是否处于醉酒状态，交警部门在《道路交通事故认定书》中已作出认定，叶某平是醉酒后驾驶自行车，其血液中的乙醇含量为152.3毫克/100毫升。因此，即使叶某平符合《工伤保险条例》第十四条第（六）项规定应当认定为工伤的情形，但因其存在醉酒的事实，根据第十六条第（二）项的规定，其死亡情形仍不得认定为工伤或者视同工伤。至于叶某平死亡原因是否与醉酒存在因果关系，均不影响对其醉酒事实的认定。兰某双、叶某星、叶某认为叶某平是交通事故致死的，非醉酒而死，其死亡情形应认定为工伤的主张于法无据，法院不予采纳。

综上，顺德区人社局根据《工伤认定申请表》《道路交通事故认定书》等证据，认定叶某平醉酒后驾驶自行车上班途中发生交通事故死亡，其死亡情形符合《工伤保险条例》第十六条的规定，不认定为工伤或者视同工伤，事实清楚，证据充分，适用法规正确，法院予以支持。兰某双、叶某星、叶某要求撤销顺德区人社局作出的顺良保工认字（2014）10006号《工伤认定决定书》的理由不成立，法院不予支持。依照《中华人民共和国行政诉讼法》第五十四条的规定，判决：维持顺德区人社局于2014年11月11日作出的顺良保工认字（2014）10006号《工伤认定决定书》。案件受理费50元由兰某双、叶某星、叶某承担。

上诉人诉称

上诉人兰某双、叶某星、叶某上诉称，根据《交通事故认定书》可知，叶某平死亡的原因是机动车驾驶人醉酒导致的，与叶某平是否喝酒并不存在因果关系，根据《工伤保险条例》第十四条第（六）项的规定，叶某平是在上班途中发生交通事故死亡的，其死亡应当认定为工伤。顺德区人社局及原审法院无视叶某平在本案事

情景二　醉酒或者吸毒的		
姓名	班级	日期

故中不存在因果关系的事实，违反《工伤保险条例》保障劳动者合法权益的立法本意，违反了工伤保险无过错原则。综上，原审判决适用法律错误，请求二审法院撤销原审判决，并责令被上诉人顺德区民社局重新作出本案工伤认定，本案诉讼费由被上诉人承担。

被上诉人辩称

叶某平在发生事故时属于醉酒状态，根据《工伤保险条例》第十六条的规定，其死亡不应该认定为工伤。上诉人兰某双、叶某星、叶某的上诉理由不成立。原审判决认定事实清楚，适用法律正确，请求二审法院予以维持。原审第三人大地园林公司述称，原审法院查明事实清楚，适用法律正确，请求二审法院维持一审判决。

本院查明

本院经审理查明的事实与一审判决认定的事实一致，本院予以确认。

本院认为

根据《工伤保险条例》第五条第二款、第二十条的规定，顺德区人社局作为县级人民政府社会保险行政主管部门，依法享有对工伤事故进行处理和认定的职权，被上诉人顺德区民社局作为继续履行上述职责的行政主管部门，其诉讼主体资格适格。原顺德区人社局在收到原审第三人大地园林公司就叶某平的死亡提出的工伤认定申请后，经过调查核实，在法定期限内作出本案所诉之顺良保工认字（2014）10006号《工伤认定决定书》送达当事人，并告知其复议或诉讼的权利，其程序合法，本院予以确认。

本案中，根据《道路交通事故认定书》《居民死亡医学证明书》《工伤认定申请表》，顺德区人社局对兰某双所作的调查笔录等证据可以证明以下事实：2014年8月19日3时左右，叶某平醉酒后骑自行车从住处去原审第三人大地园林公司上班的途中发生交通事故死亡，但叶某平醉酒后驾驶自行车的违法行为与此次交通事故的发生没有因果关系。

各方当事人对上述事实均无异议，但上诉人兰某双、叶某星、叶某认为被上诉人根据《工伤保险条例》第十六条第（二）项的规定，认定叶某平的死亡不属于工伤，系适用法律错误。

经查，《工伤保险条例》第十六条规定："职工符合本条例第十四条、第十五条的规定，但是有下列情形之一的，不得认定为工伤或者视同工伤：（一）故意犯罪的；（二）醉酒或者吸毒的；（三）自残或者处杀的。"虽然该规定未明确规定不得认定为工伤或者视同工伤的情形需要和职工所受伤害存在一定的关联性，但《工伤保险条例》的立法目的是保障因工作遭受事故伤害或者患职业病的职工获得医疗救治和经济补偿，对于是否应认定工伤或视同工伤的判断应围绕事故的发生予以考虑，如果将认定或视同工伤的例外情形与事故发生之间的关联性一概不考虑，明显将认定或视同工伤的例外情形泛化，不符合《工伤保险条例》的立法目的。

情景二　醉酒或者吸毒的		
姓名	班级	日期

同时，修订前的《工伤保险条例》第十六条规定:“职工有下列情形之一的，不得认定为工伤或者视同工伤:（一）因犯罪或者违反治安管理伤亡的;（二）醉酒导致伤亡的……”即修订前的《工伤保险条例》已经明确了例外情形必须与事故发生具有关联性，而现行的《工伤保险条例》对修订前的《工伤保险条例》进行了完善，扩大了工伤保险适用范围和工伤认定范围，使我国的工伤保险制度能够惠及更多的职业人群，更好地保护劳动者及用人单位的合法权益。

故在适用《工伤保险条例》第十六条的规定时如果不考虑该例外情形是否与职工受到事故伤害之间存在关联性，显然也与《工伤保险条例》的修订目的不符。

本案中,《道路交通事故认定书》中虽然认为叶某平醉酒后驾驶自行车，但是亦认为该违法行为与此次交通事故的发生没有因果关系，认定叶某平在此事故中无责任。且上诉人提交的《法医学尸体检验鉴定书》出具的鉴定意见为“叶某平符合交通事故造成颅脑损伤合并创伤性失血性休克致死亡。”即叶某平发生交通事故导致的死亡与其是否醉酒并不存在任何关联性。故被上诉人在未考虑上述因素的情况下，直接适用《工伤保险条例》第十六条的规定作出被诉之顺良保工认字（2014）10006号《工伤认定决定书》，认定叶某平的死亡不属于工伤，属于适用法律错误，依法应予撤销。

原审法院维持上述工伤认定决定错误，依法亦应予撤销。

综上，依照修改前的《中华人民共和国行政诉讼法》第五十四条第（二）项第2目、第六十一条第（二）项以及《最高人民法院关于执行〈中华人民共和国行政诉讼法〉若干问题的解释》第六十条的规定，判决如下：

（1）撤销佛山市顺德区人民法院（2015）佛顺法行初字第17号行政判决；

（2）撤销原佛山市顺德区人社局于2014年11月11日作出的顺良保工认字（2014）10006号《工伤认定决定书》；

（3）责令被上诉人佛山市顺德区民社局在本判决生效之日起60日内重新作出行政行为。一、二审诉讼费共100元，由被上诉人佛山市顺德区民社局承担。本判决为终审判决。

情景三　自残或者自杀的		
姓名	班级	日期

情景三　自残或者自杀的

《工伤保险条例》第十六条　职工符合本条例第十四条、第十五条的规定，但是有下列情形之一的，不得认定为工伤或者视同工伤：

（三）自残或者自杀的。

理解与适用

[自残或自杀]

自残是指通过各种手段和方法伤害自己的身体，并造成伤害结果的行为。自杀是指通过各种手段和方法自己结束自己生命的行为。

【案例 16】员工因精神疾病自残或自杀 可以认定为工伤吗？①

当今社会生活节奏较快，各企业及相关单位越来越重视员工的身体健康，每年免费体检也成为员工的基本福利之一。其实，员工的精神状况也不容忽视，近年来，因抑郁症等精神相关疾病导致的自残或自杀的案件屡见报端。那么，员工因精神疾病自残或者自杀，能被认定为工伤吗？

根据《工伤保险条例》第十四条规定，职工在工作时间和工作场所内，因工作原因受到事故伤害、因履行工作职责受到暴力等意外伤害、患职业病等情形，应当认定为工伤。《工伤保险条例》第十五条规定，职工在工作时间和工作岗位，突发疾病死亡或者在 48 小时之内经抢救无效死亡、在抢险救灾等维护国家利益、公共利益活动中受到伤害等情形，视同工伤。而根据《工伤保险条例》第十六条的规定，职工符合前述两条的规定，但是自残或者自杀的，不得认定为工伤或者视同工伤。

不过，仍有一些特殊情况存在：如果职工是在工作中受到意外伤害，进而导致精神疾病，诱发职工有自杀或自残行为，则可以认定为工伤。因精神疾病在岗位上自杀不属于工伤。

老夏是江苏苏州太仓市某公司的保洁员，2013 年 4 月 8 日，公司同事发现，其在工作中举止古怪。第二天 8 点左右，老夏进入工厂生产区后，表现出精神异常。公司拨打 110 并通知老夏家属带其去医院。经诊断，老夏病情为急性短暂性精神障碍，4 月 10 日晚上，老夏在医院病房内自缢身亡。老夏家属认为，他在工作岗位上突发疾病，显然应当认定为工伤。

于是，2013 年 6 月 20 日，其家属向太仓市人社局申请工伤认定。但太仓市人社局对老夏的死亡不予认定为工伤。老夏的家人遂提起行政诉讼。

① 庄德通. 员工因精神疾病自残或自杀可以认定为工伤吗？ [EB/OL].[2020-06-04][2023-10-05] http://e.mzyfz.com/paper/1462/paper_37322_8398.html.

情景三　自残或者自杀的		
姓名	班级	日期

江苏省太仓市人民法院经审理认为，根据《工伤保险条例》第十五条第一款第（一）项的规定，职工在工作时间和工作岗位，突发疾病死亡或者在48小时之内经抢救无效死亡的，视同工伤。从上述条款的规定可以看出，对职工在工作时间和工作岗位上突发什么样的疾病，没有作明确的规定和限制，可以是包括精神疾病在内的任何疾病。但要符合工伤的前提和要件，则必须是在工作时间和工作岗位。

而从本案查明的事实可以看出，2013年4月9日老夏并没有在工作岗位上，他的发病不能认定为在工作岗位和工作时间突发疾病，不能认定为视同工伤的情形。太仓市人社局的认定并无不当。

老夏的家属不服上述判决，又向江苏省苏州市中级人民法院提起上诉。

二审法院认为，根据老夏的病历材料等，老夏发病时间应在送医前一至两周，并非2013年4月9日上午，不符合在工作时间、工作岗位突发疾病的情形。

即使如老夏家属所述，老夏发病时间符合在工作时间和工作岗位突发疾病并在48小时之内经抢救无效死亡的情形，但其死亡系自杀所致。根据《工伤保险条例》第十六条第（三）项规定，职工符合本条例第十四条、第十五条的规定，但是有自残或者自杀情形的，不得认定为工伤或者视同工伤。老夏死亡系自杀，属于依法不得认定为工伤或视同工伤的情形，维持原判。

虽然根据《工伤保险条例》第十六条相关规定，一般情况下职工自杀不属于工伤。但是也有“例外”，如果员工是在工作中受到暴力伤害，进而诱发精神疾病，最终导致自杀死亡，则可以认定为工伤。

2012年3月30日，福建省三明市某中学老师陈某发现学生傅某在殴打一名老师，赶紧上前阻止，在此过程中，陈某被另一学生周某打伤。

被打后，陈某出现严重的应激障碍，精神异常，于2012年7月6日走失，第二天其尸体在河中被发现。

陈某的妻子向福建省三明市人社局申请了工伤认定，该局认定陈某在学校值班过程中受到的伤害为工伤，但却不认可陈某的死亡也属于工伤。

陈某妻子对工伤认定决定不服，先后多次向各级法院提起行政诉讼，均败诉。直到其向福建省高级人民法院申请再审，福建省高级人民法院裁定三明市中级人民法院再审，三明市中级人民法院责令三明市人社局重新作出工伤认定决定。

三明市人社局依旧认为，陈某死亡不符合《工伤保险条例》第十四条、第十五条认定工伤或视同工伤的情形，不予认定为工伤或视同工伤。

无奈之下，陈某妻子于2016年9月13日再次向福建省三明市梅列区人民法院提起行政诉讼，福建省三明市中级人民法院指定该案由三明市三元区人民法院管辖。

三明市三元区人民法院认为，陈某在受到伤害前没有精神方面的问题，在受伤后又未受到过其他伤害，其创伤后应激障碍是由暴力伤害行为引起的，其自杀时仍处于创伤后应激障碍的影响之中。

情景三 自残或者自杀的		
姓名	班级	日期

另外，《工伤保险条例》第十四条第（三）项规定，在工作时间和工作场所内，因履行工作职责受到暴力等意外伤害的，应当认定为工伤。陈某在学校被打受伤后被诊断为创伤后应激障碍、焦虑、抑郁障碍后自杀，是一个连续的过程，符合精神疾病的发展规律。

现代医学知识表明，创伤后应激障碍是一种个体延迟出现和持续存在的精神障碍，自杀是该类精神疾病可能演变的一个结果，也是因病在无意识情况下产生的行为，其主观上并无要结束自己生命的故意，陈某最终自杀也是其演变的一种结果。

一审法院认为，本案中陈某的自杀不能排除系被打受伤后引发的创伤后应激障碍诱发的，综合《工伤保险条例》中“为了保障因工作遭受事故伤害或者患职业病的职工获得医疗救治和经济补偿”之立法目的，以及《工伤保险条例》第十四条第三款规定和《中华人民共和国行政诉讼法》关于举证责任的规定，三明市人社局作出的《工伤认定决定书》应予撤销。

三明市人社局再次提起上诉。三明市中级人民法院经审理认为，陈某的自杀与《工伤保险条例》中工伤排除的“自残与自杀”中的与工作没有必然联系的故意自杀并非同一性质。因此，对工伤直接导致的创伤后应激障碍诱发的自杀，是工伤伤情进一步的延续和发展，认定该情况为工伤符合立法精神，陈某自杀应当认定为因公死亡。

学习活动 启示思考

【思考】富士康员工跳楼可以获得工伤赔偿吗？

富士康科技集团创立于 1974 年，是专业从事电脑、通信、消费电子、数位内容、汽车零组件、通路等 6C 产业的高新科技企业。自 2010 年 1 月 23 日富士康员工第一跳起至 2010 年 11 月 5 日，富士康已发生 14 起跳楼事件，引起社会各界乃至全球的关注。2012 年 6 月 13 日成都公安局确认，6 月 12 日下午 4 时一名谢姓富士康员工坠楼死亡。2018 年 1 月 6 日，郑州富士康一员工因索要返还费未果跳楼，跳楼地点在郑州市航空港区的富航公寓。

复杂案件

故意自伤后假装成工伤骗取钱款构成诈骗罪

诈骗罪是指以非法占有为目的，用虚构事实或者隐瞒真相的方法，骗取数额较大的公私财物的行为。该罪在主观方面以非法占有为目的，在客观上表现为使用虚构事实、隐瞒真相的欺诈方法骗取数额较大的公私财物，即采用捏造并不存在的事情或者掩盖客观存在的事实的方式，骗取被害人的信任，哄骗被害人交出财物。据此，行为人故意自伤，假装成工伤，然后以“私了”的方式骗取钱款，其行为符合

情景三　自残或者自杀的		
姓名	班级	日期

诈骗罪的构成要件。依据《中华人民共和国刑法》第二百六十六条的规定：诈骗公私财物，数额较大的，处三年以下有期徒刑、拘役或者管制，并处或者单处罚金；数额巨大或者有其他严重情节的，处三年以上十年以下有期徒刑，并处罚金；数额特别巨大或者有其他特别严重情节的，处十年以上有期徒刑或者无期徒刑，并处罚金或者没收财产。

上海市嘉定区人民检察院指控称，被告人牟某某结伙张某某等人（均另行处理）预谋采用物色人员做“枪手”，将“枪手”手臂敲断佯装工伤的方式骗取钱财。2007年7月21日，被告人牟某某结伙张某某等人将上述骗取钱财的方式告诉被告人石某文，被告人石某文积极应允并跟随被告人牟某某等至杨某亮（另行处理）处，由杨某亮将石某文送至上海市嘉定区曹安路2738号锦梁大酒店装修工地工作。当日中午休息期间，杨某亮等人在他处按预谋用钢管将被告人石某文手臂打成骨折，随后石某文重返工地干活，并虚构在工作中将手臂摔断的事实，后由杨某亮等人出面以“私了”为名，从该工地负责人陈某芬、陈某庆（兰州司固闽南装修公司员工）处共计诈骗得款人民币10 500元。

被告人的答辩及其辩护人的辩护意见：被告人石某文、牟某某及法定代理人、辩护人对指控罪名和事实无异议。辩护人提出应对被告人从轻处罚。被告人石某文、牟某某要求法庭给其改过自新的机会。

上海市普陀区人民法院经不公开审理查明（本案因有未成年人被告人，依法不公开开庭审理）：被告人牟某某结伙张某某等人（均另行处理）预谋采用物色人员做“枪手”，将“枪手”手臂敲断佯装工伤的方式骗取钱财。2007年7月21日，被告人牟结伙张某某等人将上述骗取钱财的方式告诉被告人石某文，被告人石某文积极应允并跟随被告人牟某某等至杨某亮（另行处理）处，由杨某亮将石某文送至上海市嘉定区曹安路2738号锦梁大酒店装修工地工作。当日中午休息期间，杨某亮等人在他处按预谋用钢管将被告人石某文手臂打成骨折，随后石某文重返工地干活，并虚构在工作中将手臂摔断的事实，后由杨某亮等人出面以“私了”为名，从该工地负责人陈某芬、陈某庆（兰州司固闽南装修公司员工）处，共计诈骗得款人民币10 500元。

上述事实有下列证据证明。

被害单位兰州司固闽南装修公司员工陈某芬、陈某庆的证言，证实被告人牟某某、石某文等人以石某文工伤为名诈骗其人民币10 500元的事实。

同案关系人张某某、徐某华的证言，证实被告人牟某某、石某文等人将被告人石某文的手臂打成骨折，佯装工伤，以“私了”为名从工地负责人处骗取赔偿的事实。

被告人牟某某、石某文的供述证实将石某文手臂打成骨折，以“私了”为名从工地负责人处骗取赔偿的事实。

情景三　自残或者自杀的		
姓名	班级	日期

普陀区中心医院医学影像报告证实被告人石某文手臂骨折伤情。

被告人石某文与被害单位负责人陈某庆签订的支付协议，证实被告人骗取了工地负责人人民币 10 500 元的事实。

证人牟某成的证言及被告人身份信息查询表，证实被告人牟某某作案时的年龄。

上海市普陀区人民法院根据上述事实和证据认为：被告人牟某某、石某文以非法占有为目的，采用虚构事实的方式，骗取公私财物，数额较大，其行为已符合《中华人民共和国刑法》第二百六十六条关于诈骗罪的犯罪构成要件，依法均应予以处罚。公诉机关指控被告人牟某某、石某文犯诈骗罪，事实清楚，证据确凿，指控罪名成立。在共同犯罪中，被告人牟某某、石某文起次要作用，系从犯，依法应从轻处罚。被告人牟某某犯罪时已年满十六周岁未满十八周岁，依法应从轻处罚。被告人牟某某、石某文自愿认罪，可酌情从宽处罚。辩护人关于从轻处罚的辩护意见，于法有据，予以采纳。

上海市普陀区人民法院依照《中华人民共和国刑法》第二百六十六条，第二十五条第一款，第二十七条，第十七条第一款、第三款，第五十三条，第六十四条之规定，判决如下。

被告人牟某某犯诈骗罪，判处拘役五个月，并处罚金人民币 1 000 元。

被告人石某文犯诈骗罪，判处有期徒刑六个月，并处罚金人民币 2 000 元。

追缴被告人犯罪所得，发还被害人。

模块二　工伤保险待遇与工伤风险管理

单元四　工伤保险待遇

学习任务一　掌握《工伤保险条例》中的规定

学习任务二　工伤保险待遇一览表

学习任务三　赔偿计算与赔偿流程图

学习任务一　掌握《工伤保险条例》中的规定		
姓名	班级	日期

学习任务一　掌握《工伤保险条例》中的规定

《工伤保险条例》第三十条　工伤职工的治疗

职工因工作遭受事故伤害或者患职业病进行治疗，享受工伤医疗待遇。

职工治疗工伤应当在签订服务协议的医疗机构就医，情况紧急时可以先到就近的医疗机构急救。

治疗工伤所需费用符合工伤保险诊疗项目目录、工伤保险药品目录、工伤保险住院服务标准的，从工伤保险基金支付。工伤保险诊疗项目目录、工伤保险药品目录、工伤保险住院服务标准，由国务院社会保险行政部门会同国务院卫生行政部门、食品药品监督管理部门等部门规定。

职工住院治疗工伤的伙食补助费，以及经医疗机构出具证明，报经办机构同意，工伤职工到统筹地区以外就医所需的交通、食宿费用从工伤保险基金支付，基金支付的具体标准由统筹地区人民政府规定。

工伤职工治疗非工伤引发的疾病，不享受工伤医疗待遇，按照基本医疗保险办法处理。

工伤职工到签订服务协议的医疗机构进行工伤康复的费用，符合规定的，从工伤保险基金支付。

理解与适用

[工伤医疗待遇]

工伤医疗待遇包括：①治疗工伤所需的挂号费、医疗费、药费、住院费等费用符合工伤保险诊疗项目目录、工伤保险药品目录、工伤保险住院服务标准的，从工伤保险基金中支付；②工伤职工治疗工伤需要住院的，职工住院治疗工伤的伙食补助费，以及经医疗机构出具证明，报经办机构同意，工伤职工到统筹地区以外就医所需的交通、食宿费用从工伤保险基金支付，基金支付的具体标准由统筹地区人民政府规定；③工伤职工需要停止工作接受治疗的，享受停工留薪期待遇，停工留薪期满后，需要继续治疗的，继续享受①、②项工伤医疗待遇。

[工伤医疗机构]

工伤职工因工负伤或者患职业病进行治疗（包括康复性治疗）应当前往签订服务协议的医疗机构就医，情况紧急时可以先到就近的医疗机构急救；工伤职工确需跨统筹地区就医的，须由医疗机构出具证明，并经经办机构同意。工伤职工跨统筹地区就医所发生的费用，可先由工伤职工或所在单位垫付，经社保经办机构复合后，按本统筹地区有关规定结算。

学习任务一　掌握《工伤保险条例》中的规定		
姓名	班级	日期

[工作中受到精神伤害，能否要求工伤赔偿？]

工作中受到的精神伤害不能要求工伤赔偿。按照我国现行法律法规的规定，工伤是指在工作过程中所受的肢体伤害，劳动者只有在工作过程中发生身体上的伤害时才能要求工伤赔偿，而对于如劳动者人格尊严和名誉等受到损害的，不能认定为工伤。同时对于劳动者因身体上的伤害而导致的精神上的伤害，也仅就该身体伤害作工伤赔偿而不能将该身体伤害引起的精神伤害作工伤赔偿。在这种情况下，对于所遭受的精神损害，劳动者只能通过其他途径向侵权人要求承担损害赔偿责任。

《工伤保险条例》第三十一条　复议和诉讼期间不停止支付医疗费用

社会保险行政部门作出认定为工伤的决定后发生行政复议、行政诉讼的，行政复议和行政诉讼期间不停止支付工伤职工治疗工伤的医疗费用。

《工伤保险条例》第三十二条　配置辅助器具

工伤职工因日常生活或者就业需要，经劳动能力鉴定委员会确认，可以安装假肢、矫形器、假眼、假牙和配置轮椅等辅助器具，所需费用按照国家规定的标准从工伤保险基金支付。

理解与适用

工伤职工配置辅助器具应当经劳动能力鉴定委员会确认，其所需费用才能从工伤保险基金中支付。结合《工伤保险条例》第四十七条规定，社保经办机构对辅助器具配置机构以签订服务协议的方式进行管理，引入竞争机制，促使辅助器具配置机构提高服务质量。工伤职工如需配置辅助器具，应到与社保经办机构签订服务协议的机构、按照国家规定的有关标准配置辅助器具，对于辅助器具配置机构提供的一些不合理的配置应当拒绝，对违反有关标准配置辅助器具的费用，工伤保险基金不予支付。

《工伤保险条例》第三十三条　工伤治疗期间待遇

职工因工作遭受事故伤害或者患职业病需要暂停工作接受工伤医疗的，在停工留薪期内，原工资福利待遇不变，由所在单位按月支付。

停工留薪期一般不超过 12 个月。伤情严重或者情况特殊，经设区的市级劳动能力鉴定委员会确认，可以适当延长，但延长不得超过 12 个月。工伤职工评定伤残等级后，停发原待遇，按照本章的有关规定享受伤残待遇。工伤职工在停工留薪期满后仍需治疗的，继续享受工伤医疗待遇。

生活不能自理的工伤职工在停工留薪期需要护理的，由所在单位负责。

学习任务一 掌握《工伤保险条例》中的规定		
姓名	班级	日期

理解与适用

[停工留薪期]

停工留薪期是指职工因工负伤或者患职业病停止工作接受治疗并享受有关待遇的期限。停工留薪期的时间由已签订服务协议的治疗工伤的医疗机构提出意见，经劳动能力鉴定委员会确认并通知有关单位和工伤职工。

[停工留薪期的待遇]

职工在停工留薪期内，除享受工伤医疗待遇外，原待遇不变，由所在单位发放，生活不能自理需要护理的职工，由所在单位负责护理。这里所称的原待遇是指职工在受伤或被确诊患职业病前，原用人单位发给职工的按照出勤对待的全部工资和福利待遇。工伤职工评定伤残等级后，停发原待遇，按照《工伤保险条例》第三十五至三十七条的规定，享受伤残待遇。

《工伤保险条例》第三十四条 生活护理费

工伤职工已经评定伤残等级并经劳动能力鉴定委员会确认需要生活护理的，从工伤保险基金按月支付生活护理费。生活护理费按照生活完全不能自理、生活大部分不能自理或者生活部分不能自理 3 个不同等级支付，其标准分别为统筹地区上年度职工月平均工资的 50%、40%或者 30%。

理解与适用

适用本条款时需注意，护理费的计算基数为统筹地区上年度职工月平均工资，而不是伤残职工本人的工资。

生活自理程度可通过《劳动能力鉴定 职工工伤与职业病致残等级》中规定的生活自理障碍来确定。生活自理范围主要包括五项：①进食；②翻身；③大、小便；④穿衣、洗漱；⑤自主行动。生活自理障碍程度分三级：①完全生活自理障碍，指生活完全不能自理，前述五项均需护理；②大部分生活自理障碍，指生活大部分不能自理，前述五项中三项或四项需要护理；③部分生活自理障碍，指生活部分不能自理，前述五项中一项或两项需要护理。（条文参见：《劳动能力鉴定 职工工伤与职业病致残等级》4.1.5[生活自理障碍]）

《工伤保险条例》第三十五条 一至四级工伤待遇

职工因工致残被鉴定为一级至四级伤残的，保留劳动关系，退出工作岗位，享受以下待遇：

（一）从工伤保险基金按伤残等级支付一次性伤残补助金，标准为：一级伤残为 27 个月的本人工资，二级伤残为 25 个月的本人工资，三级伤残为 23 个月的本人工资，四级伤残为 21 个月的本人工资；

（二）从工伤保险基金按月支付伤残津贴，标准为：一级伤残为本人工资的

学习任务一　掌握《工伤保险条例》中的规定		
姓名	班级	日期

90%，二级伤残为本人工资的 85%，三级伤残为本人工资的 80%，四级伤残为本人工资的 75%。伤残津贴实际金额低于当地最低工资标准的，由工伤保险基金补足差额；

（三）工伤职工达到退休年龄并办理退休手续后，停发伤残津贴，按照国家有关规定享受基本养老保险待遇。基本养老保险待遇低于伤残津贴的，由工伤保险基金补足差额。

职工因工致残被鉴定为一级至四级伤残的，由用人单位和职工个人以伤残津贴为基数，缴纳基本医疗保险费。

理解与适用

[一级至四级伤残职工的伤残待遇]

职工因工致残被鉴定为一级至四级伤残的，本条对该部分职工规定了两项待遇，即支付一次性伤残补助金和按月支付伤残津贴。

《人力资源社会保障部关于执行〈工伤保险条例〉若干问题的意见（二）》规定：一级至四级工伤职工死亡，其近亲属同时符合领取工伤保险丧葬补助金、供养亲属抚恤金待遇和职工基本养老保险丧葬补助金、抚恤金待遇条件的，由其近亲属选择领取工伤保险或职工基本养老保险其中一种。

[伤残津贴和基本养老保险的关系]

基本养老保险是指法定范围内的人员，按照规定缴纳基本养老保险费达到一定的年限，到达法定退休年龄，按规定办理退休手续后，享受养老金的一种社会保险制度。

伤残职工办理退休手续后停发伤残津贴，享受基本养老保险。同时，为了保障工伤职工的待遇不因退休而受损失，工伤职工退休后享受的基本养老保险待遇低于伤残津贴的，由工伤保险基金补足差额。

[伤残职工的医疗保险]

职工因工致残被鉴定为一级至四级伤残的，除非这些职工死亡、已经办理退休手续或者存在《中华人民共和国劳动合同法》第三十九条规定的法定情形，用人单位应当与其保留劳动关系，并由用人单位和职工个人以伤残津贴为基数缴纳基本医疗保险费。

[工伤致残与劳动合同期满]

在本单位患职业病或者因工负伤并被确认丧失或者部分丧失劳动能力的劳动者的劳动合同的终止，要按照国家有关工伤保险的规定执行。也即依据本条，一级至四级伤残职工即便劳动合同期满，用人单位也必须与其保留劳动关系。（条文参见：《劳动能力鉴定 职工工伤与职业病致残等级》5.1~5.4[一级至四级]）

《工伤保险条例》第三十六条　五级、六级工伤待遇

职工因工致残被鉴定为五级、六级伤残的，享受以下待遇：

学习任务一　掌握《工伤保险条例》中的规定		
姓名	班级	日期

（一）从工伤保险基金按伤残等级支付一次性伤残补助金，标准为：五级伤残为18个月的本人工资，六级伤残为16个月的本人工资；

（二）保留与用人单位的劳动关系，由用人单位安排适当工作。难以安排工作的，由用人单位按月发给伤残津贴，标准为：五级伤残为本人工资的70%，六级伤残为本人工资的60%，并由用人单位按照规定为其缴纳应缴纳的各项社会保险费。伤残津贴实际金额低于当地最低工资标准的，由用人单位补足差额。经工伤职工本人提出，该职工可以与用人单位解除或者终止劳动关系，由工伤保险基金支付一次性工伤医疗补助金，由用人单位支付一次性伤残就业补助金。一次性工伤医疗补助金和一次性伤残就业补助金的具体标准由省、自治区、直辖市人民政府规定。

理解与适用

适用本条时注意与第三十五、第三十七条的对比理解。除了在支付金额上的差别外，着重注意，职工因工伤被鉴定为五级至六级伤残的，用人单位应当对其保留劳动关系，安排适当的工作。难以安排工作的，由用人单位支付伤残津贴。同时，工伤职工本人终止或者解除劳动关系的权利不受限制，经工伤职工本人提出，可以与用人单位解除或者终止劳动关系，但是用人单位应当向职工支付一次性伤残就业补助金。

职工在同一用人单位连续工作期间多次发生工伤的，符合本条及第三十七条规定领取相关待遇时，按照其在同一用人单位发生工伤的最高伤残级别，计发一次性伤残就业补助金和一次性工伤医疗补助金。（条文参见：《劳动能力鉴定 职工工伤与职业病致残等级》5.5、5.6[五级、六级]）

《工伤保险条例》第三十七条　七至十级工伤待遇

职工因工致残被鉴定为七级至十级伤残的，享受以下待遇：

（一）从工伤保险基金按伤残等级支付一次性伤残补助金，标准为：七级伤残为13个月的本人工资，八级伤残为11个月的本人工资，九级伤残为9个月的本人工资，十级伤残为7个月的本人工资；

（二）劳动、聘用合同期满终止，或者职工本人提出解除劳动、聘用合同的，由工伤保险基金支付一次性工伤医疗补助金，由用人单位支付一次性伤残就业补助金。一次性工伤医疗补助金和一次性伤残就业补助金的具体标准由省、自治区、直辖市人民政府规定。

理解与适用

适用本条时注意与第三十五、第三十六条比较理解。对于这部分工伤职工，在劳动合同期满前，除非工伤职工具有《中华人民共和国劳动合同法》第三十九条规定的情形，否则用人单位不得单方与其解除劳动关系，应当与其继续履行原劳动合

学习任务一　掌握《工伤保险条例》中的规定		
姓名	班级	日期

同，或者视客观情况依法与其变更劳动合同的部分内容，并按照劳动合同的规定支付相应的工资报酬。劳动合同期满或者工伤职工本人提出解除劳动合同的，用人单位应当向其支付一次性伤残就业补助金。注意：七级至十级伤残职工不享受伤残津贴；事业单位与工作人员签订的通常为聘用合同。（条文参见：《劳动能力鉴定 职工工伤与职业病致残等级》5.7~5.10[七级至十级]）

《工伤保险条例》第三十八条　旧伤复发待遇

工伤职工工伤复发，确认需要治疗的，享受本条例第三十条、第三十二条和第三十三条规定的工伤待遇。

理解与适用

[工伤职工工伤复发]

工伤职工工伤复发，是指职工因工伤事故或患职业病，经过医疗机构采取必要的诊断治疗，包括病情检查、确诊、药物治疗、手术治疗等医疗措施，确定工伤职工病情痊愈，可以终结医疗，终止停工留薪期，经过劳动能力鉴定委员会确定伤残等级或者正处于劳动能力鉴定过程中，工伤职工原有病情不同程度地重新发作。

[工伤职工工伤复发的待遇]

工伤职工工伤复发，确认需要治疗的，可以按照《工伤保险条例》第三十条的规定享受工伤医疗待遇；需要暂停工伤接受工伤医疗的，可以按照《工伤保险条例》第三十三条的规定享受停工留薪期待遇；需要配置辅助器具的，可以按照《工伤保险条例》第三十二条的规定配置，所需费用按照国家标准从工伤保险基金支付。（条文参见：《关于实施〈工伤保险条例〉若干问题的意见》七[旧伤复发的认定]）

《工伤保险条例》第三十九条 工亡待遇

职工因工死亡，其近亲属按照下列规定从工伤保险基金领取丧葬补助金、供养亲属抚恤金和一次性工亡补助金：

（一）丧葬补助金为6个月的统筹地区上年度职工月平均工资；

（二）供养亲属抚恤金按照职工本人工资的一定比例发给由因工死亡职工生前提供主要生活来源、无劳动能力的亲属。标准为：配偶每月40%，其他亲属每人每月30%，孤寡老人或者孤儿每人每月在上述标准的基础上增加10%。核定的各供养亲属的抚恤金之和不应高于因工死亡职工生前的工资。供养亲属的具体范围由国务院社会保险行政部门规定；

（三）一次性工亡补助金标准为上一年度全国城镇居民人均可支配收入的20倍。

伤残职工在停工留薪期内因工伤导致死亡的，其近亲属享受本条第一款规定的待遇。

一级至四级伤残职工在停工留薪期满后死亡的，其近亲属可以享受本条第一款第（一）项、第（二）项规定的待遇。

学习任务一 掌握《工伤保险条例》中的规定		
姓名	班级	日期

理解与适用

[职工因工死亡]

职工因工死亡主要是指职工因工伤事故、职业中毒直接导致的死亡，经抢救治疗无效后的死亡，以及在停工留薪期间内治疗中的死亡。

[职工因工死亡的待遇]

职工因工死亡的待遇包括以下几方面。

（1）丧葬补助金。丧葬补助金权利主体为死亡职工的近亲属。

（2）供养亲属抚恤金。该项是按照因工死亡职工本人生前工资的一定比例计发，但是在初次核定时，各供养亲属的抚恤金之和不得高于工亡职工的本人工资。在以后调整供养亲属抚恤金时，不受此限制。

因工死亡职工供养亲属是指该职工的配偶、子女、父母、祖父母、外祖父母、孙子女、外孙子女、兄弟姐妹。子女包括婚生子女、非婚生子女、养子女和有抚养关系的继子女。其中，婚生子女、非婚生子女包括遗腹子女。父母，包括生父母、养父母和有抚养关系的继父母。兄弟姐妹，包括同父母的兄弟姐妹、同母异父或者同母异父的兄弟姐妹、养兄弟姐妹、有抚养关系的继兄弟姐妹。

上述人员，依靠因工死亡职工生前提供主要生活来源，并有下列情形之一的，可按规定申请供养亲属抚恤金：①完全丧失劳动能力的；②工亡职工配偶男年满 60 周岁、女年满 55 周岁的；③工亡职工父母男年满 60 周岁、女年满 55 周岁的；④工亡职工子女未满 18 周岁的；⑤工亡职工父母均已死亡，其祖父、外祖父年满 60 周岁，祖母、外祖母年满 55 周岁的；⑥工亡职工子女已经死亡或完全丧失劳动能力，其孙子女、外孙子女未满 18 周岁的；⑦工亡职工父母均已死亡或完全丧失劳动能力，其兄弟姐妹未满 18 周岁的。

（3）一次性工亡补助金。当因工死亡的工伤职工有数个近亲属时，应当按照权利义务相对应的原则进行分配，工伤职工生前，对其进行较多照顾义务的近亲属，如长期与其共同生活的人，应当予以照顾。

[工伤保险待遇，免征个人所得税]

对工伤职工及其近亲属按照《工伤保险条例》规定取得的工伤保险待遇，免征个人所得税。工伤保险待遇，包括一次性伤残补助金、伤残津贴、一次性工伤医疗补助金、一次性伤残就业补助金、工伤医疗待遇、住院伙食补助费、外地就医交通食宿费用、工伤康复费用、辅助器具费用、生活护理费等，以及职工因工死亡，其近亲属按照《工伤保险条例》规定取得的丧葬补助金、供养亲属抚恤金和一次性工伤补助金等。（条文参见：《关于实施〈工伤保险条例〉若干问题的意见》八[抚恤金待遇资格核定]；《因工死亡职工供养亲属范围规定》；《财政部、国家税务总局关于工伤职工取得的工伤保险待遇有关个人所得税政策的通知》）

学习任务一 掌握《工伤保险条例》中的规定		
姓名	班级	日期

《工伤保险条例》第四十条 工伤待遇调整

伤残津贴、供养亲属抚恤金、生活护理费由统筹地区社会保险行政部门根据职工平均工资和生活费用变化等情况适时调整。调整办法由省、自治区、直辖市人民政府规定。

理解与适用

伤残津贴、供养亲属抚恤金、生活护理费都非一次性待遇，而是长期或者持续一段时间的待遇。为了保证这些待遇水平不因物价上涨等因素而降低，让工伤职工和工亡职工的遗属享受社会经济发展的成果，有必要实时进行调整。

工伤保险实行属地管理，是一项地域性较强的工作。加上职工工资增长，生活费提高、物价指数变化等不是定期的，各地调整的时间不宜固定，本条授权由省、自治区、直辖市人民政府规定调整办法，包括调整依据、幅度、频率、程序等。

[上一年度职工月平均缴费工资尚未公布的，怎么核发工伤保险待遇？]

核定工伤职工工伤保险待遇时，若上一年度相关数据尚未公布，可暂按前一年度的全国城镇居民人均可支配收入、统筹地区职工月平均工资和计发，待相关数据公布后再重新核定，社会保险经办机构或者用人单位给予补发差额部分。

《工伤保险条例》第四十一条 职工抢险救灾、因公外出下落不明时的处理

职工因工外出期间发生事故或者在抢险救灾中下落不明的，从事故发生当月起3个月内照发工资，从第4个月起停发工资，由工伤保险基金向其供养亲属按月支付供养亲属抚恤金。生活有困难的，可以预支一次性工亡补助金的50%。职工被人民法院宣告死亡的，按照本条例第三十九条职工因工死亡的规定处理。

理解与适用

[下落不明]

下落不明是指人离开最后居住地后没有音讯的状况。应当注意的是，虽然我国有自然人下落不明2年，利害关系人可以向人民法院申请宣告其失踪的法律规定，但职工外出期间发生事故或者在抢险救灾中下落不明后其供养亲属享受相关待遇并不以是否经过宣告失踪为程序要件，而是从事故发生、职工音讯消失当月起即按规定发放有关待遇。

[宣告死亡]

宣告死亡是指职工因意外事件下落不明满2年或下落不明满4年，从时间发生之日起，其配偶、父母、子女等利害关系人可以向人民法院申请宣告其死亡的一种法律制度。宣告死亡与自然死亡具有同等的法律效力，具体到工伤保险领域，从职工被宣告死亡之日起，该职工的近亲属、供养亲属便可以按照本条例第三十九条的

学习任务一　掌握《工伤保险条例》中的规定		
姓名	班级	日期

规定领取丧葬补助金、供养亲属抚恤金和一次性工亡补助金。

被宣告死亡的职工重新出现或者确知其没有死亡，经本人或者利害关系人申请，人民法院应当撤销宣告。按照《中华人民共和国民法典》和有关法律的规定，职工被撤销宣告死亡后，与其有关的利害关系能恢复的应恢复到原来的状态，已领取的工伤待遇退回。

《工伤保险条例》第四十二条 停止支付工伤保险待遇的情形

工伤职工有下列情形之一的，停止享受工伤保险待遇：

（一）丧失享受待遇条件的；

（二）拒不接受劳动能力鉴定的；

（三）拒绝治疗的。

理解与适用

停止支付工伤保险待遇是指在停止支付待遇的情形消失后，自下月起恢复工伤保险待遇，停止支付的工伤保险待遇不予补发。

根据本条规定，停止支付工伤保险待遇主要有以下几种情形。

[丧失享受待遇条件]

如果工伤职工在享受工伤保险待遇期间情况发生变化，不再具备享受工伤保险待遇的条件，如劳动能力得以完全恢复而无须工伤保险制度提供保障时，就应当停发工伤保险待遇。此外，工亡职工的亲属，在某些情形下，也将丧失享受有关待遇的条件，如享受抚恤金的工亡职工的子女达到了一定的年龄或就业后，丧失享受遗属抚恤待遇的条件；亲属死亡的，丧失享受遗属抚恤待遇的条件；等等。

[拒不接受劳动能力鉴定]

劳动能力鉴定结论是确定不同程度的补偿、合理调换工作岗位和恢复工作等的科学依据。如果工伤职工没有正当理由，拒不接受劳动能力鉴定，一方面工伤保险待遇无法确定，另一方面也表明这些工伤职工并不愿意接受工伤保险制度提供的帮助，鉴于此，就不应再享受工伤保险待遇。

[拒绝治疗]

提供医疗救治，帮助工伤职工恢复劳动能力、重返社会，是工伤保险制度的重要目的之一，因而职工遭受工伤事故或患职业病后，有享受工伤医疗待遇的权利，也有积极配合医疗救治的义务。如果无正当理由拒绝治疗，就有悖于本条例关于促进职业康复的宗旨。

《工伤保险条例》第四十三条 用人单位分立合并等情况下的责任

用人单位分立、合并、转让的，承继单位应当承担原用人单位的工伤保险责任；原用人单位已经参加工伤保险的，承继单位应当到当地经办机构办理工伤保险变更登记。

用人单位实行承包经营的，工伤保险责任由职工劳动关系所在单位承担。职工

学习任务一　掌握《工伤保险条例》中的规定		
姓名	班级	日期

被借调期间受到工伤事故伤害的，由原用人单位承担工伤保险责任，但原用人单位与借调单位可以约定补偿办法。企业破产的，在破产清算时依法拨付应当由单位支付的工伤保险待遇费用。

理解与适用

[单位分立、合并]

用人单位的分立是指一个单位分成两个或两个以上单位；合并是指两个或两个以上的单位联合组成一个单位或一个单位兼并另一个或一个以上单位。

[单位承保经营下的工伤保险责任]

承保经营，是在坚持企业所有制不变的基础上，按照所有权与经营权相分离的原则，以承保经营合同形式，确定所有者与企业的责任权利关系，促使企业做到自主经营、自负盈亏的经营管理制度。在本企业内部职工承保的情况下，职工的劳动关系在本企业是清楚的，对职工的工伤保险责任应由本企业来承担；在外部承保的情况下，职工的劳动关系有可能不在本企业而在中标的经营集团或企业法人，那么，对职工的工伤保险责任就由中标的经营集团或企业法人承担。

具备用工主体资格的承保单位违反法律、法规规定，将承保业务转包、分包给不具备用工主体资格的组织或者自然人，该组织或者自然人招用的劳动者从事承保业务时因工伤亡的，由该具备用工主体资格的承保单位承担用人单位依法应承担的工伤保险责任。

[职工借调情形下的工伤保险责任]

职工被借调是指由原用人单位承担工伤保险责任，但原用人单位可以在借调前或事后与借入单位就相应补偿达成协议，当用人单位承担被借调职工的工伤保险责任后，可以按照协议要求借入单位基于补偿。

[企业破产]

破产是指企业法人不能清偿到期债务，在法定情形下依照《中华人民共和国企业破产法》和其他相关的法律规定宣告其破产，将其所有的财产按法定清偿顺序公平地偿还给所有权人的一种法律制度。这里的“破产企业”包括已参加工伤保险和未参加工伤保险的破产企业。

破产财产在优先清偿破产费用和共益债务后，依照下列顺序清偿：①破产人所欠职工的工资和医疗、伤残补助、抚恤费用，所欠的应当划入职工个人账户的基本养老保险、基本医疗保险费用，以及法律、行政法规规定应当支付给职工的补偿金；②破产人欠缴的除前述以外的社会保险费用和破产人所欠税款；③普通破产债权。

破产财产不足以清偿同一顺序的清偿要求的，按照比例分配。

学习任务一　掌握《工伤保险条例》中的规定		
姓名	班级	日期

《工伤保险条例》第四十四条 派遣出境期间的工伤保险关系

职工被派遣出境工作，依据前往国家或者地区的法律应当参加当地工伤保险的，参加当地工伤保险，其国内工伤保险关系中止；不能参加当地工伤保险的，其国内工伤保险关系不中止。

理解与适用

现在国际上工伤保险没有互免协议。一些国家法律规定，前往该国工作或在该国停留期间，必须依据该国的法律参加工伤保险或购买意外伤害保险。国内的工伤保险与境外的工伤保险，在保障的性质和作用方面大致相同，但在保险项目、保险额度、支付方式上存在差异。从保障与管理的角度出发，本条规定，职工被派遣出境工作需参加当地工伤保险，其国内工伤保险关系中止，待回国后工伤保险关系接续；对于在境外不能参加工伤保险的，其国内工伤保险费的缴纳、工伤认定与评残、待遇的发放等不中止。

《工伤保险条例》第四十五条 再次发生工伤的待遇

职工再次发生工伤，根据规定应当享受伤残津贴的，按照新认定的伤残等级享受伤残津贴待遇。

理解与适用

[工伤职工再次发生工伤]

工伤职工再次发生工伤，与工伤职工工伤复发不同，它是指工伤职工遭受两次或两次以上的工伤事故或患职业病，在前次工伤事故造成的病情经治疗并经劳动能力鉴定委员会确定伤残等级后，再次遭受工伤事故或患职业病，后者可能产生新病情，也可能加剧工伤职工的原病情。

[工伤职工再次发生工伤的待遇]

再次发生工伤的职工在治疗后，需经劳动能力鉴定委员会重新评定伤残等级。如果被重新确定等级，根据规定应当享受伤残待遇的，就要按照新认定的伤残等级享受相应的伤残津贴待遇。

学习任务二　工伤保险待遇一览表		
姓名	班级	日期

学习任务二　工伤保险待遇一览表

学习活动 1　医疗期间的工伤待遇

工伤职工在医疗期间的工伤待遇见表 4-1。

表 4-1　医疗期间的工伤待遇

<table>
<tr><th colspan="2" rowspan="2">项目</th><th colspan="3">待遇</th><th rowspan="2">备注</th></tr>
<tr><th>计算基数</th><th>月份/比例</th><th>支付渠道</th></tr>
<tr><td rowspan="4">医疗期间</td><td>停工留薪</td><td>原工资福利待遇</td><td>12 个月</td><td>用人单位</td><td>按月支付，最长 24 个月。评定伤残等级后，停发原工资福利待遇，享受伤残待遇。停工留薪期满仍需治疗，继续享受工伤医疗待遇</td></tr>
<tr><td>医疗费用</td><td>实际发生</td><td>100%</td><td rowspan="3">基金</td><td>单位和职工个人垫付，工伤认定后按范围报销</td></tr>
<tr><td>伙食补助</td><td colspan="2">统筹地区人民政府规定</td><td>经批准转院所需的交通、食宿费用也可以报销</td></tr>
<tr><td>工伤康复费用</td><td colspan="2">符合规定的实际费用</td><td>需要在签订服务协议的医疗机构进行</td></tr>
</table>

学习活动 2　医疗终结后辅助器具与生活护理费

工伤职工在医疗终结后辅助器具与生活护理费见表 4-2。

表 4-2　医疗终结后辅助器具与生活护理费

<table>
<tr><th colspan="3" rowspan="2">项目</th><th colspan="3">待遇</th><th rowspan="2">备注</th></tr>
<tr><th>计算基数</th><th>月份/比例</th><th>支付渠道</th></tr>
<tr><td rowspan="4">医疗终结</td><td colspan="2">辅助器具</td><td colspan="2">按国家规定标准（经劳动能力鉴定委员会确认）</td><td>基金</td><td>假肢、假眼、假牙、矫形器、配置轮椅等</td></tr>
<tr><td rowspan="3">生活护理费</td><td>完全护理</td><td rowspan="3">统筹地区上年度职工月平均工资</td><td>50%</td><td rowspan="3">基金</td><td rowspan="3">按月计发</td></tr>
<tr><td>大部分护理</td><td>40%</td></tr>
<tr><td>部分护理</td><td>30%</td></tr>
</table>

学习任务二　工伤保险待遇一览表		
姓名	班级	日期

学习活动 3　伤残的工伤待遇

工伤职工伤残的工伤待遇见表 4-3。

表 4-3　伤残的工伤待遇

<table>
<tr><th colspan="3" rowspan="2">项目</th><th colspan="4">待遇</th><th rowspan="2">备注</th></tr>
<tr><th colspan="2">计算基数</th><th>月份/比例</th><th>支付渠道</th></tr>
<tr><td rowspan="20">医疗终结</td><td rowspan="4">一级至四级</td><td rowspan="4">一次性伤残补助金</td><td>一级</td><td rowspan="4">本人工资</td><td>27 个月</td><td rowspan="4">基金</td><td rowspan="4">本人工资：工伤职工因工受伤或患职业病前 12 个月平均月缴费工资。本人工资高于统筹地区职工平均工资 300%的，按 300%计算；本人工资低于统筹地区职工平均工资 60%的，按 60%计算</td></tr>
<tr><td>二级</td><td>25 个月</td></tr>
<tr><td>三级</td><td>23 个月</td></tr>
<tr><td>四级</td><td>21 个月</td></tr>
<tr><td rowspan="4">一级至四级</td><td rowspan="4">每月伤残津贴</td><td>一级</td><td rowspan="4">本人工资</td><td>90%</td><td rowspan="4">基金</td><td rowspan="4">伤残津贴低于当地最低工资标准的，或者退休后基本养老保险待遇低于伤残津贴的，均由工伤保险基金补足差额。职工因工伤残一级至四级的，由用人单位和职工个人以伤残津贴为基数，缴纳基本养老保险费</td></tr>
<tr><td>二级</td><td>85%</td></tr>
<tr><td>三级</td><td>80%</td></tr>
<tr><td>四级</td><td>75%</td></tr>
<tr><td rowspan="8">五级至六级</td><td rowspan="2">一次性伤残补助金</td><td>五级</td><td rowspan="4">本人工资</td><td>18 个月</td><td rowspan="2">基金</td><td rowspan="2">—</td></tr>
<tr><td>六级</td><td>16 个月</td></tr>
<tr><td rowspan="2">每月伤残津贴</td><td>五级</td><td>70%</td><td rowspan="2">用人单位</td><td rowspan="2">用人单位安排适当工作，难以安排工作的，伤残津贴按月享受。伤残津贴实际金额低于当地最低工资标准的，由用人单位补足差额</td></tr>
<tr><td>六级</td><td>60%</td></tr>
<tr><td rowspan="2">一次性工伤医疗补助金</td><td>五级</td><td colspan="2" rowspan="2">由省、自治区、直辖市人民政府规定</td><td rowspan="2">基金</td><td rowspan="4">职工本人提出终止或解除劳动关系时支付。具体标准由各省、自治区、直辖市人民政府规定，通常为本地上年度职工月平均工资的若干个月工资</td></tr>
<tr><td>六级</td></tr>
<tr><td rowspan="2">一次性伤残就业补助金</td><td>五级</td><td colspan="2" rowspan="2">由省、自治区、直辖市人民政府规定</td><td rowspan="2">基金</td></tr>
<tr><td>六级</td></tr>
<tr><td rowspan="4">七级至十级</td><td rowspan="4">一次性伤残补助金</td><td>七级</td><td rowspan="4">本人工资</td><td>13 个月</td><td rowspan="4">基金</td><td rowspan="4">—</td></tr>
<tr><td>八级</td><td>11 个月</td></tr>
<tr><td>九级</td><td>9 个月</td></tr>
<tr><td>十级</td><td>7 个月</td></tr>
</table>

学习任务二　工伤保险待遇一览表		
姓名	班级	日期

续表

<table>
<tr><th colspan="3" rowspan="2">项目</th><th colspan="4">待遇</th><th rowspan="2">备注</th></tr>
<tr><th colspan="2">计算基数</th><th>月份/比例</th><th>支付渠道</th></tr>
<tr><td rowspan="8">医疗终结</td><td rowspan="8">七级至十级</td><td rowspan="4">一次性工伤医疗补助金</td><td>七级</td><td colspan="2" rowspan="4">由省、自治区、直辖市人民政府规定</td><td rowspan="4">基金</td><td rowspan="8">合同期满终止或职工本人提出解除劳动合同时支付。具体标准由各省、自治区、直辖市人民政府规定，通常为本地上年度职工月平均工资的若干个月工资</td></tr>
<tr><td>八级</td></tr>
<tr><td>九级</td></tr>
<tr><td>十级</td></tr>
<tr><td rowspan="4">一次性伤残就业补助金</td><td>七级</td><td colspan="2" rowspan="4">由省、自治区、直辖市人民政府规定</td><td rowspan="4">用人单位</td></tr>
<tr><td>八级</td></tr>
<tr><td>九级</td></tr>
<tr><td>十级</td></tr>
</table>

学习活动 4　工亡的工伤待遇

工亡职工的工伤待遇见表 4-4。

表 4-4　工亡的工伤待遇

<table>
<tr><th colspan="3" rowspan="2">项目</th><th colspan="3">待遇</th><th rowspan="2">备注</th></tr>
<tr><th>计算基数</th><th>月份/比例</th><th>支付渠道</th></tr>
<tr><td rowspan="5">因工死亡</td><td colspan="2">丧葬补助金</td><td>统筹地区上年度职工月平均工资</td><td>6 个月</td><td>基金</td><td>伤残职工在停工留薪期内因工伤导致死亡或一级至四级伤残职工在停工留薪期满后死亡的，其近亲属可享受</td></tr>
<tr><td colspan="2">一次性工亡补助金</td><td>上年度全国城镇居民人均可支配收入</td><td>20 倍</td><td>基金</td><td>—</td></tr>
<tr><td rowspan="3">供养亲属抚恤金</td><td>配偶</td><td>职工生前工资</td><td>每月 40%</td><td rowspan="3">基金</td><td rowspan="3">①一级至四级伤残职工在停工留薪期满后死亡的，其近亲属可享受；②抚恤金总额不超过死者本人生前工资；③按月支付</td></tr>
<tr><td>其他亲属</td><td>职工生前工资</td><td>每月 30%</td></tr>
<tr><td>孤寡老人、孤儿</td><td>上述标准基础上加发</td><td>每月 10%</td></tr>
</table>

学习任务三　赔偿计算与赔偿流程图		
姓名	班级	日期

学习任务三　赔偿计算与赔偿流程图

一、赔偿计算

1. 医疗费的计算公式

医疗费赔偿金额 = 诊疗金额 + 药品金额 + 住院服务金额

注：上述诊疗金额、药品金额、住院服务金额的计算依据是工伤保险诊疗项目目录、工伤保险药品目录、工伤保险住院服务标准。

2. 住院伙食补助费的计算公式

住院伙食补助费赔偿金额 = 统筹地区人民政府规定的伙食补助标准

3. 交通食宿费的计算公式

交通食宿费赔偿金额 = 统筹地区人民政府规定的具体标准

4. 辅助器具费的计算公式

辅助器具费赔偿金额 = 配置标准 × 器具数量

5. 护理费的计算公式

护理费赔偿金额 = 统筹地区上年度职工月平均工资（元/月）× 法定比例

注：生活护理费按照生活完全不能自理、生活大部分不能自理或者生活部分不能自理 3 个不同等级支付，其标准分别为统筹地区上年度职工月平均工资的 50%、40%或者 30%。

6. 一次性伤残补助金的计算公式

一次性伤残补助金赔偿金额 = 本人工资（元/月）× 法定补偿月数

注：一级伤残的一次性伤残补助金为 27 个月的本人工资，二级伤残的一次性伤残补助金为 25 个月的本人工资，三级伤残的一次性伤残补助金为 23 个月的本人工资，四级伤残的一次性伤残补助金为 21 个月的本人工资，五级伤残的一次性伤残补助金为 18 个月的本人工资，六级伤残的一次性伤残补助金为 16 个月的本人工资，七级伤残的一次性伤残补助金为 13 个月的本人工资，八级伤残的一次性伤残补助金为 11 个月的本人工资，九级伤残的一次性伤残补助金为 9 个月的本人工资，十级伤残的一次性伤残补助金为 7 个月的本人工资。

7. 伤残津贴的计算公式

伤残津贴赔偿金额 = 本人工资（元/月）× 法定比例

注：一级伤残津贴为本人工资的 90%，二级伤残津贴为本人工资的 85%，三级伤残津贴为本人工资的 80%，四级伤残津贴为本人工资的 75%，五级伤残津贴为本人工资的 70%，六级伤残津贴为本人工资的 60%。但是，被鉴定为五级、六级伤残的工伤职工只有在其保留与用人单位的劳动关系，用人单位应予以安排适当工作但难以安排的时候，才由用人单位按月对其支付伤残津贴。七级至十级伤残不享受伤残津贴。

8. 丧葬补助金的计算公式

丧葬补助金赔偿金额 = 统筹地区上年度职工月平均工资 × 6

学习任务三 赔偿计算与赔偿流程图		
姓名	班级	日期

9. 供养亲属抚恤金的计算公式

配偶抚恤金赔偿金额 = 工亡职工本人工资（元/月）× 40%

注：如果工亡职工的配偶为孤寡老人，每人每月在上述标准的基础上增加 10%。

其他供养亲属抚恤金赔偿金额 = 工亡职工本人工资（元/月）× 30%

注：如果工亡职工的其他亲属为孤寡老人或者孤儿，每人每月在上述标准的基础上增加 10%。

10. 一次性工亡补助金的计算公式

一次性工亡补助金额 = 上一年度全国城镇居民人均可支配收入的 20 倍

二、赔偿流程图

工伤赔偿流程如图 4-1 所示。

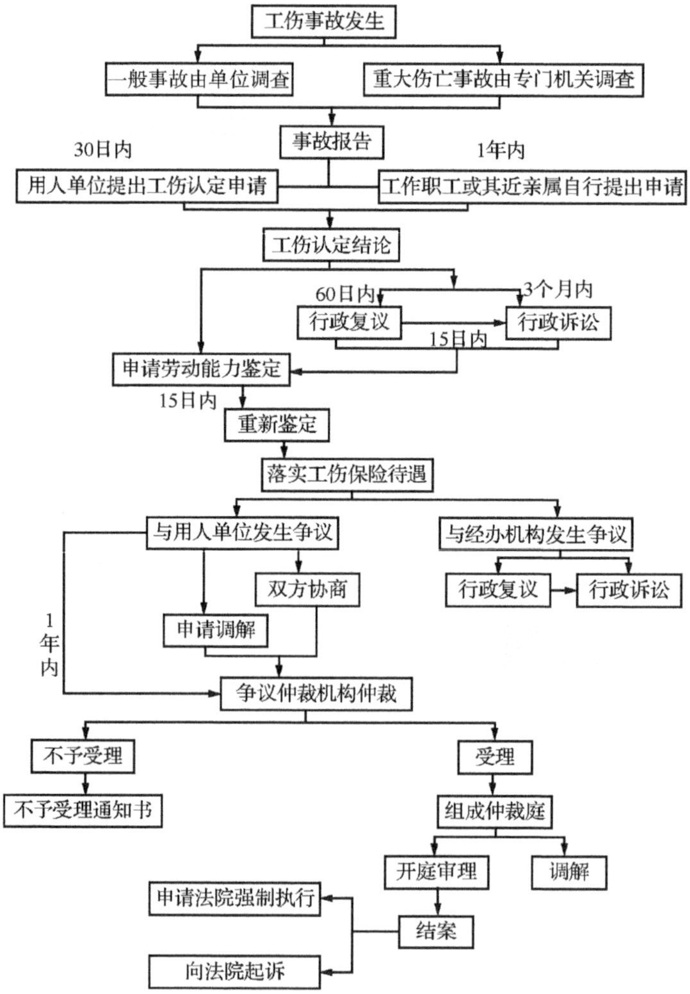

图 4-1 工伤赔偿流程

单元五　工伤风险管理

学习任务一　老年服务行业工伤风险特点

学习任务二　老年服务行业工伤风险预防

学习任务一　老年服务行业工伤风险特点		
姓名	班级	日期

学习任务一　老年服务行业工伤风险特点

养老机构指为老年人提供集中居住和照料服务的机构，包括敬老院、福利院、养老院、老年公寓、护老院、护养院、护理院。目前，我国人口老龄化问题日渐加剧，老龄人口数量逐年攀升，对养老院的需求趋于旺盛。但是有效需求不足，即没有资金来源的行业注定发展受阻。

2018 年 8 月，“溢彩公益计划”发布了《我国典型地区养老服务机构从业人员服务能力调研报告》，调研报告显示，养老机构启动资金的主要来源是个人自筹（48.3%）和政府拨款（22.8%），其次为公司企业、股东集资等，但均不足 10%。日常经营主要经费来源依次为 48.3%主要依靠经营收入，13.3%依靠政府拨款，12.8%依靠经营收入加政府补贴。78.9%的养老机构认为自身的财务管理很规范，有相应管理制度和专人管理办法。无规范财务管理的养老机构仅占 11.1%。76.1%的养老服务机构有财务状况表，其中，政府全额拨款、运营良好、盈利或略有结余的养老服务机构占 14.4%，收支平衡的养老机构占 38.9%。但是，在访谈中仍有 83.9%的养老机构表示存在运行压力和困难，主要原因包括资金困难、缺少专业人才、护理员不足、老年人入住率低等。

有新闻媒体实地调研养老行业发现，一名护工可能需要照顾五六名老人，但其工资水平在 2 000 元左右，没有保姆收入多。不管是哪一类的养老机构，目前它们面临最为紧迫的问题就是用工荒。这诱使养老机构不规范用工或雇佣高龄劳动者。

2015 年人社部废止了《招用技术工种从业人员规定》，养老护理员等职业可以不用持证上岗。这让很多养老机构看到了希望，养老护理员的入行门槛更低了。招不来大学生就自己培养护理员。

不难看出，“招不来、留不住”是令许多养老机构头痛的问题。类似的情况，在近几年对养老产业的调查中也都有体现。而没有稳定的人才队伍，这个产业的发展必然会受到制约。这也是养老行业高度重视的现实问题。其实，人才队伍出现的这些问题，从根本上说，还是专业化程度不高、培训不足、服务不规范等原因造成的。而人才队伍的不稳定，又影响到行业产业的健康发展。

学习活动　老年服务行业被迫招聘大量临近退休或已退休人员

2019 年，根据华润健康集团前期调研考察的养老机构反馈，养老护理员平均年流失率超过 40%。流失的主要原因为收入低、工作压力大且社会认可程度不高。目前，国内基础养老护理员普遍学历层次较低、年龄偏大、女性居多。多数从业人员仅经过短期培训或没有经过任何培训就上岗。要破解这种难题，需要“多管齐下”。

养老院机构的养老护理员年龄基本在 35 岁以上，而且文化水平不高，大都家庭

学习任务一　老年服务行业工伤风险特点		
姓名	班级	日期

条件不好，需要出来赚钱。

以依托黑龙江省海员总医院的哈尔滨市海员爱心护理护养院为例，他们同样存在养老护理员招工难的问题。该院的医护专业技术人员平均年龄不到30岁，最小的只有19岁，35岁以下的青年职工占职工总数的80%，整体呈现出年轻化特征。他们服务着平均年龄为80岁左右的老年群体，光是生活照料方面就包含了17个大项的内容。繁重劳累的工作造成了这批年轻人员存在较高的流动性，他们平均在这里工作一到两年，就会离开。

鉴于年轻养老护理员留不住、经验不足的局面，不少养老机构经过多轮筛选和实践验证后发现，40~50岁的中年养老护理员群体最“靠谱”。如今，大庆市庆新老年护理院、大庆市利民颐养院等许多养老机构都将年龄作为养老护理员招聘的重要参考。

养老护理员大部分是临时工，低待遇、低薪水已是不争的事实。就全国而言，养老护理员月平均工资低的仅有1 000~2 000元，高的也仅3 000多元，除少数经济较发达的城市外，绝大多数城市的养老机构没有为养老护理员购买社会保险，多数养老护理员缺乏归属感。黑龙江省哈尔滨市军工阳光老年公寓护理员万某称，我们干一天就拿一天的工资，干多少年也没有什么盼头。

养老护理员流动性大，付出与收入不成正比。每2个小时记录老人肢体和精神情况、每3个小时给老人翻一次身、早晚各1次眼部和口腔护理、每天5次营养搭配进餐、全天定时给老人擦身理发、定时喂水喂饭、24小时跟踪护理……这是黑龙江部分养老机构养老护理员每天的基本工作安排。除了基本的医疗护理和生活护理，养老护理员还需要兼顾老人养老的心理护理、临终关怀等，为老人提供“全程式”护理服务。不少民办养老机构的养老护理员与老人的数量比例在1∶5左右，他们经常“三班倒”“睡在老人床位边上”“没有假期”等，反映出养老护理员供不应求、

学习任务一　老年服务行业工伤风险特点		
姓名	班级	日期

工作压力大的现状。

排查发现，养老机构用工（养老护理员）流动性、随意性大，不少人说不干就不干。由于年轻人缺乏足够的临床护理经验，用工缺乏硬性约束，再加上工作苦累脏，工资水平有限，养老机构往往存在岗养老护理员难以长期延续的问题。

养老院机构主要通过社会招聘和劳动派遣两种方式招聘养老护理员，此外，他们还会不定期招募养老志愿者，然而支付给养老志愿者的薪酬普遍低于当地平均工资水平。由于养老机构全职护理工作的特殊性，即便养老护理员的薪资水平能够与当地平均工资持平，其培养出来的养老护理员同样存在随时离开或者被挖走的可能。

学习任务二　老年服务行业工伤风险预防		
姓名	班级	日期

学习任务二　老年服务行业工伤风险预防

学习活动 1　创新用工模式

老年服务行业的标准劳动关系见表 5-1。

表 5-1　标准劳动关系

用工方式	全日制用工
特点与适用	主要适用于关键技术性、职能管理核心、帮助企业实现战略目标、提升竞争优势的岗位
优势	（1）法律关系清晰明确； （2）员工归属感强、忠诚度高
弊端	（1）受相关法律约束； （2）劳动合同签订、变更、解除、终止有严格规定
实务风险	主要包括但不限于未签订书面劳动合同、劳动合同解除与终止、经济补偿金等
防范建议	（1）完善与规范劳动合同及相关文本； （2）用工环节，包括招录、试用期、劳动合同签订、考核、制度管理、社保福利、解除与终止、离职等环节做到合法与合理
主要法律依据	《中华人民共和国劳动法》《中华人民共和国劳动合同法》《中华人民共和国劳动合同法实施条例》

老年服务行业的临时用工情况见表 5-2。

表 5-2　临时用工情况

用工方式	非全日制用工
特点与适用	适用于流动性大、招聘容易、培训周期短的岗位
优势	（1）人工成本较低； （2）可以不签订书面劳动合同； （3）用人单位可随时通知劳动者终止劳动合同且用人单位无须支付经济补偿金；也无须缴纳社会保险（工伤保险除外）
弊端	（1）不稳定； （2）员工归属感低，忠诚度不高； （3）最长 15 天计发一次工资，与公司一般工资结算周期不一致
实务风险	（1）被认定为全日制用工的风险（两者区分主要考量工作时间和工资发放周期因素）； （2）被认定为劳务关系或雇佣关系的风险； （3）未购买工伤保险导致的工伤赔付风险

学习任务二　老年服务行业工伤风险预防		
姓名	班级	日期

续表

防范建议	（1）签订书面劳动合同，严格规定工作时间（平均每日工作时间不超过4小时，每周工作时间累积不超过24小时）； （2）明确约定工资支付周期（劳动报酬结算支付周期最长不得超过15日），并保存工资发放记录； （3）非全日制用工小时计酬标准不得低于用人单位所在地人民政府规定的最低小时工资标准； （4）加强用工管理，制定考勤制度，做好考勤管理并保留劳动者工作时间记录，以避免出现非全日制劳动者工作时间超过法定时限的情形； （5）依法缴纳工伤保险，以免被认定劳务关系或雇佣关系而承担人事损害赔偿责任
主要法律依据	《中华人民共和国劳动合同法》《最低工资规定》

老年服务行业劳务派遣用工情况见表5-3。

表5-3　劳务派遣用工情况

用工方式	本地劳务派遣、异地劳务派遣
特点与适用	适用于临时性、辅助性、替代性等非核心竞争力的岗位
优势	（1）实现用工单位"用工不用人"，减少在编人员数量，国有企业或劳动密集型企业应用较为广泛； （2）能有效避免与员工签订无固定期限劳动合同，同时降低管理成本
弊端	（1）法律对用工岗位与比例有严格限制； （2）员工忠诚度低、归属感弱
实务风险	（1）派遣公司主体合法性风险； （2）派遣合同规范性风险，即用人单位未按照法律规定及时与劳务派遣公司签订劳务派遣合同与履行义务； （3）劳务派遣公司未按约定履行工资支付、社保缴纳等义务的责任承担风险
防范建议	（1）选择有资质、高信誉、管理规范的劳务派遣公司，避免劳务派遣机构缺乏支付能力、管理混乱等导致的风险； （2）认真审查被派遣劳动者主体、是否签署劳动合同；对派遣单位用工合规性进行审查，避免用工单位与派遣单位对劳动者造成损害的承担连带责任； （3）严格按照有关法律规定（劳务派遣用工比例不超过10%）使用劳务派遣员工
主要法律依据	《中华人民共和国劳动合同法》《劳务派遣暂行规定》《劳务派遣行政许可实施办法》

老年服务行业关联公司用工情况见表5-4。

表5-4　关联公司用工情况

用工方式	母子公司之间、总分公司之间、子公司之间、分公司之间关联用工
特点与适用	多适用于大型集团公司
优势	人员互补，便于满足经营需要
弊端	易产生混同用工

学习任务二 老年服务行业工伤风险预防		
姓名	班级	日期

续表

实务风险	（1）未签订书面劳动合同而导致的双倍工资风险，母子公司属于独立的劳动用工主体，母子公司之间的调动需另行签订书面劳动合同； （2）存在两个主体混同用工情况而被认定双重劳动关系而导致连带责任风险； （3）两个用工主体存在制度混乱风险； （4）社保制度与管理不完善风险； （5）工龄及经济补偿金约定不明风险； （6）发生劳动争议承担连带责任的风险
防范建议	（1）通过借调协议、调动三方协议等形式，明确各方的权利与义务，将劳动合同签署方、薪资福利发放方、劳动管理设定方予以统一； （2）妥善使用劳务派遣用工形式，在非临时性、辅助性或可替代性岗位使用劳务派遣可能存在被行政处罚风险
主要法律依据	《中华人民共和国劳动合同法》《中华人民共和国劳动合同法实施条例》

老年服务行业借调用工情况见表 5-5。

表 5-5 借调用工情况

用工方式	借调用工
特点与适用	法律上对借调用工无明确定义，但实践中存在的用工形式，主要存在于集团性或者关联性企业中
优势	用工简单灵活且减少招用员工的成本
弊端	非规范性用工方式
实务风险	（1）存在被认定事实劳动关系风险； （2）与劳务派遣相比用人单位不具备法定劳务派遣资质，用工单位岗位也不仅限于临时性、辅助性和替代性特征； （3）用人单位未全面履行劳动合同对劳动者约定义务较难监控，用人单位是劳动关系责任主体，承担最终责任的风险
防范建议	（1）完善劳动合同，在劳动合同履行过程中，由于借用关系变化，应及时对劳动合同重大事项条款等进行变更与告知，以规避风险； （2）完善三方协议，单位之间签署借调协议，并就被借调人员在借调期间相关事宜作出明确约定，如借调的工作岗位、工作地点、社保缴纳、福利待遇、工伤补偿及最终赔偿责任，特别约定用人单位因劳动争议发生赔偿及相关费用等，用人单位有权向用工单位追偿； （3）加强用工监督，防范用工单位违约或侵害借调人员权益的风险
主要法律依据	《中华人民共和国劳动合同法》《工伤保险条例》《关于贯彻执行〈中华人民共和国劳动法〉若干问题的意见》

学习任务二　老年服务行业工伤风险预防		
姓名	班级	日期

老年服务行业实习用工情况见表 5-6。

表 5-6　实习用工情况

用工方式	实习用工
特点与适用	在满足《中华人民共和国劳动法》关于劳动者要求并实际提供劳动时与用人单位之间建立劳动合同关系
优势	发掘新人和降低用工成本
弊端	实习人员工作经验缺乏、业务不精
实务风险	（1）超期实习存在事实劳动关系的风险； （2）发生人身事故导致赔偿的风险
防范建议	（1）用人单位在接纳实习生与学校方签订实习协议或三方协议，明确约定实习内容及权利与义务，并对工作中可能发生的意外伤害约定责任分配比例； （2）用人单位可以考虑为实习生购买意外伤害保险，保障实习生权益及防范风险； （3）实习期满后及时签订劳动合同、办理社保登记手续，避免产生事实劳动关系及风险
主要法律依据	《中华人民共和国劳动合同法》《关于贯彻执行〈中华人民共和国劳动法〉若干问题的意见》

老年服务行业在校见习用工情况见表 5-7。

表 5-7　在校见习用工情况

用工方式	见习用工（在校生）
特点与适用	在校大学生到企业实习而建立的非劳动关系的用工形式
优势	为在校生提供实务学习锻炼平台和降低用工成本
弊端	见习人员能力有限且不熟悉工作易造成自身伤害或未能有效完成工作
实务风险	见习人员不属于企业员工，不能办理工伤保险享受工伤待遇，发生工伤事故可能导致企业承担相应责任
防范建议	（1）招录时了解实习人员在校意外伤害保险情况，包括是否已投保及投保的险种、保险责任期间，适当补充保险或终止实习用工关系； （2）通过雇主责任险作为兜底风险管理措施降低风险
主要法律依据	《中华人民共和国民法典》

老年服务行业退休人员返聘用工情况见表 5-8。

表 5-8　退休人员返聘用工情况

用工方式	退休人员返聘
特点与适用	一般适用于临时性、一次性地雇佣他人完成劳务，并以劳动结果来计算报酬，对劳务过程不进行管理

学习任务二　老年服务行业工伤风险预防		
姓名	班级	日期

续表

优势	（1）降低用工成本，用人单位可以不给退休返聘人员缴纳“五险一金”； （2）不适用劳动法律，《中华人民共和国劳动法》所规定的用人单位违法成本如未签书面劳动合同双倍工资赔偿、低于最低工资标准支付劳动报酬赔偿、违法解除劳动合同经济赔偿金均无须支付； （3）退休返聘人员工作经验相对丰富，工作技能强
弊端	工作缺乏稳定性且受身体及家庭因素影响大
实务风险	被认定存在劳动关系的风险如下。 （1）退休人员和用人单位是否存在劳动关系，有三种主流观点：一是只要劳动者享受养老保险待遇，劳动者在再就业的时候就和用人单位建立劳务关系；二是有条件的支持劳动关系，认为劳动者尽管达到了法定退休年龄，但是没有依法享受养老保险待遇，劳动者仍然可以和用人单位建立劳动关系；三是把达到退休年龄仍然继续被用人单位聘用的作为特殊劳动关系进行对待； （2）劳务关系判断不以时间长短来判断，而以是否存在隶属关系、是否提供劳动条件等来判断
防范建议	（1）订立书面退休返聘协议，明确权利与义务。与退休返聘人员签署的合同应与劳动合同相区别，套用劳动合同会使用人单位在管理上陷入被动，在加班、调岗调薪、终止或辞退等方面受到严格限制； （2）实行动态跟踪管理，及时终止劳动合同。在劳动者达到法定退休年龄，用人单位即可与劳动者终止劳动合同，使劳动关系转为劳务关系； （3）严格审查劳动者资质，特别是劳动者身份、年龄等信息，对已达退休年龄的劳动者审查不严而签订劳动合同，此时发生工伤赔偿由用人单位承担。若是退休返聘合同则用人单位承担的用工责任相对轻些； （4）对退休返聘岗位进行分类管理； （5）购买雇主责任险及其他商业保险，分散用工风险
主要法律依据	《中华人民共和国民法典》《中华人民共和国劳动合同法》《中华人民共和国劳动合同法实施条例》

老年服务行业劳务外包用工情况见表 5-9。

表 5-9　劳务外包用工情况

用工方式	劳务外包
特点与适用	适用于企业不擅长且易分散管理精力的非核心岗位、风险较大的岗位
优势	（1）企业集中精力专注核心业务，减少用人单位管理成本； （2）分散用人单位劳务争议风险，因发包方和劳动者无用工关系，故不承担劳动争议风险； （3）无须承担劳动者对第三人的侵权赔偿责任
弊端	（1）成本不会减少； （2）承包方资质要求较高； （3）不能直接有效管理员工
实务风险	用人单位在管理中模糊劳务外包与直接用工界限，存在被认定为存在劳动关系或“真派遣假外包”的风险

学习任务二 老年服务行业工伤风险预防		
姓名	班级	日期

防范建议	（1）选择有资质、管理规范的劳务外包公司进行合作； （2）明确约定劳务外包合同条款：一是明确约定劳务人员应与劳务外包公司建立劳动合同关系，外包公司有责任与劳务人员签订劳动合同、缴纳社保等；二是服务费用支付时间与数额等，约定以完成的工作量为计算标准，而非以工资的形式；三是对劳务人员的日常管理应避免约定由用人单位直接管理、考核等，用人单位做到“只管事，不管人”； （3）用人单位不直接接向劳务人员支付费用；不以加班费、补贴或福利等名义直接发放工资性的费用，而以服务费或承包费的形式进行结算
主要法律依据	《中华人民共和国劳动合同法》《劳务派遣暂行规定》

老年服务行业雇佣关系用工情况见表 5-10。

表 5-10 雇佣关系用工情况

用工方式	雇佣关系用工
特点与适用	技术含量不高的岗位或需要丰富工作经验的岗位
优势	（1）用工灵活度强，解除与终止雇佣关系根据双方约定执行，用工成本和风险降低； （2）不受劳动法约束，用工成本和风险大为降低
弊端	发生因工负伤事故，根据人身侵权相关法律规定处理，赔偿标准高
实务风险	雇佣活动致人损害或遭受人身损害时雇主无过错责任风险
防范建议	在雇佣关系雇员从事雇佣活动致人损害或遭受人身损害的，雇主承担无过错责任，建议在用工前对雇员进行背景调查与选择，必要时购买雇主责任险以降低风险
主要法律依据	《中华人民共和国民法典》《最高人民法院关于审理人身损害赔偿案件适用法律若干问题的解释》

在老年服务行业工伤争议案件中，很多工伤是心脑血管疾病造成的。为了避免悲剧的发生，建议对从业人员进行心脑血管疾病的体检，提升员工的健康水平。

心脑血管疾病的发病率非常高，定期体检筛查心脑血管疾病是非常有必要的，无论老人还是年轻人都应该重视。心脑血管体检指标主要包括以下项目。

（1）血脂四项——有助于动脉硬化症、冠心病及肾病综合征的诊断。

（2）C-反应蛋白——风湿病、炎症性感染、急性心肌梗死、恶性肿瘤等疾病的判断指标。

（3）经颅多普勒——能检测颅内及颅外各血管及其分支，甚至可以对微小的脑动脉瘤进行检测。

（4）颈动脉彩超——检查颈总动脉、颈内动脉有无狭窄及动脉粥样硬化斑块等。

医院应根据员工的体检指标，督促员工养成健康的生活习惯，避免过度劳累，防止疾病工伤事件的发生。

学习任务二 老年服务行业工伤风险预防		
姓名	班级	日期

学习活动 2 用工行业管理

1. 轻罚重奖，人文关怀

一家成功的连锁养老机构负责人表示：即使有奖惩制度，也不敢实行。本身护工在家属和老人那里已经受委屈了，再去罚他们，于情不合。

赤峰地区规模最大的养老机构赤峰康馨老年服务中心工作人员说："我们院长开会总说，护工别和老人正面起冲突，老人不喜欢这个护工，立马换。"福乐轩养老院一位资深护工介绍，这份工作需要的不只是专业的技术培训，还有真正的爱心和耐心。她有一次给一位脾气暴躁的爷爷洗脚，她洗的时候把他抠疼了，老人一拳就挥过去，打得她胸疼了好一阵。回办公室缓了缓，想想还是算了，没必要跟老人计较。

老年服务行业很多从业者年龄都在 50 岁左右，一般家庭相对困难，对因工作失误而遭受惩罚非常介意，他们需要更多的人文关怀，多鼓励、少惩罚。

2. 学习日本的养老服务经验，经营管理职业化

"他山之石，可以攻玉。"日本作为人口老龄化严重的国家，已经探索出了一套有效的办法，建立完善了梯度培养机制，从初级到高级，让专业人才具备成长空间，这正是留住人才，壮大队伍的基础。而让经营管理职业化，也是吸引更多从业者加入养老服务行业的途径。这些好的经验，值得养老产业研究借鉴。

3. 提高社会地位，做好职业生涯规划

"社会地位尴尬、待遇低、缺乏职业生涯规划，是护理人员短缺的关键。"面对养老机构用工难问题，齐齐哈尔市卫生学校附属老年护理院及颐和康宁护老中心经营负责人总结称，相对于医院的医生和护士，养老护理员缺乏职称评审机制和明确的晋升通道，这也是导致养老机构招工难的重要原因。对于学校护理专业毕业的学生来说，进入医院工作的意愿远远大于进入养老机构。

当老人人性中的"恶"的一面在一家经营尚不成熟的民营养老机构中展现出来后，一个摆在人们面前的问题是："坏脾气"老人如何养老，以及"野蛮生长"的养老机构该如何防范此类风险。

"被送到养老机构的老人，要么身体不好，要么性格不好，家里人搞不定。所以，养老机构应该主动作为，对个性较强的老人，进行精神疏导，通过多种方式让他们在这里开心快活地度过晚年时光。

此外，养老机构严格执行安全规程，制定应急预案，禁止老人使用刀具、烤火炉，甚至钥匙扣，防止老人出现意外伤害事故。

附录一 《工伤保险条例》与《工伤保险经办规程》

《工伤保险条例》

（2003年4月27日中华人民共和国国务院令第375号公布 根据2010年12月20日《国务院关于修改〈工伤保险条例〉的决定》修订）

第一章 总则

第一条 为了保障因工作遭受事故伤害或者患职业病的职工获得医疗救治和经济补偿，促进工伤预防和职业康复，分散用人单位的工伤风险，制定本条例。

第二条 中华人民共和国境内的企业、事业单位、社会团体、民办非企业单位、基金会、律师事务所、会计师事务所等组织和有雇工的个体工商户（以下称用人单位）应当依照本条例规定参加工伤保险，为本单位全部职工或者雇工（以下称职工）缴纳工伤保险费。

中华人民共和国境内的企业、事业单位、社会团体、民办非企业单位、基金会、律师事务所、会计师事务所等组织的职工和个体工商户的雇工，均有依照本条例的规定享受工伤保险待遇的权利。

第三条 工伤保险费的征缴按照《社会保险费征缴暂行条例》关于基本养老保险费、基本医疗保险费、失业保险费的征缴规定执行。

第四条 用人单位应当将参加工伤保险的有关情况在本单位内公示。

用人单位和职工应当遵守有关安全生产和职业病防治的法律法规，执行安全卫生规程和标准，预防工伤事故发生，避免和减少职业病危害。

职工发生工伤时，用人单位应当采取措施使工伤职工得到及时救治。

第五条 国务院社会保险行政部门负责全国的工伤保险工作。

县级以上地方各级人民政府社会保险行政部门负责本行政区域内的工伤保险工作。

社会保险行政部门按照国务院有关规定设立的社会保险经办机构（以下称经办机构）具体承办工伤保险事务。

第六条 社会保险行政部门等部门制定工伤保险的政策、标准，应当征求工会组织、用人单位代表的意见。

第二章 工伤保险基金

第七条 工伤保险基金由用人单位缴纳的工伤保险费、工伤保险基金的利息和依法纳入工伤保险基金的其他资金构成。

第八条　工伤保险费根据以支定收、收支平衡的原则，确定费率。

国家根据不同行业的工伤风险程度确定行业的差别费率，并根据工伤保险费使用、工伤发生率等情况在每个行业内确定若干费率档次。行业差别费率及行业内费率档次由国务院社会保险行政部门制定，报国务院批准后公布施行。

统筹地区经办机构根据用人单位工伤保险费使用、工伤发生率等情况，适用所属行业内相应的费率档次确定单位缴费费率。

第九条　国务院社会保险行政部门应当定期了解全国各统筹地区工伤保险基金收支情况，及时提出调整行业差别费率及行业内费率档次的方案，报国务院批准后公布施行。

第十条　用人单位应当按时缴纳工伤保险费。职工个人不缴纳工伤保险费。

用人单位缴纳工伤保险费的数额为本单位职工工资总额乘以单位缴费费率之积。

对难以按照工资总额缴纳工伤保险费的行业，其缴纳工伤保险费的具体方式，由国务院社会保险行政部门规定。

第十一条　工伤保险基金逐步实行省级统筹。

跨地区、生产流动性较大的行业，可以采取相对集中的方式异地参加统筹地区的工伤保险。具体办法由国务院社会保险行政部门会同有关行业的主管部门制定。

第十二条　工伤保险基金存入社会保障基金财政专户，用于本条例规定的工伤保险待遇，劳动能力鉴定，工伤预防的宣传、培训等费用，以及法律、法规规定的用于工伤保险的其他费用的支付。

工伤预防费用的提取比例、使用和管理的具体办法，由国务院社会保险行政部门会同国务院财政、卫生行政、安全生产监督管理等部门规定。

任何单位或者个人不得将工伤保险基金用于投资运营、兴建或者改建办公场所、发放奖金，或者挪作其他用途。

第十三条　工伤保险基金应当留有一定比例的储备金，用于统筹地区重大事故的工伤保险待遇支付；储备金不足支付的，由统筹地区的人民政府垫付。储备金占基金总额的具体比例和储备金的使用办法，由省、自治区、直辖市人民政府规定。

第三章　工伤认定

第十四条　职工有下列情形之一的，应当认定为工伤：

（一）在工作时间和工作场所内，因工作原因受到事故伤害的；

（二）工作时间前后在工作场所内，从事与工作有关的预备性或者收尾性工作受到事故伤害的；

（三）在工作时间和工作场所内，因履行工作职责受到暴力等意外伤害的；

（四）患职业病的；

（五）因工外出期间，由于工作原因受到伤害或者发生事故下落不明的；

（六）在上下班途中，受到非本人主要责任的交通事故或者城市轨道交通、客运轮渡、火车事故伤害的；

（七）法律、行政法规规定应当认定为工伤的其他情形。

第十五条 职工有下列情形之一的，视同工伤：

（一）在工作时间和工作岗位，突发疾病死亡或者在48小时之内经抢救无效死亡的；

（二）在抢险救灾等维护国家利益、公共利益活动中受到伤害的；

（三）职工原在军队服役，因战、因公负伤致残，已取得革命伤残军人证，到用人单位后旧伤复发的。

职工有前款第（一）项、第（二）项情形的，按照本条例的有关规定享受工伤保险待遇；职工有前款第（三）项情形的，按照本条例的有关规定享受除一次性伤残补助金以外的工伤保险待遇。

第十六条 职工符合本条例第十四条、第十五条的规定，但是有下列情形之一的，不得认定为工伤或者视同工伤：

（一）故意犯罪的；

（二）醉酒或者吸毒的；

（三）自残或者自杀的。

第十七条 职工发生事故伤害或者按照职业病防治法规定被诊断、鉴定为职业病，所在单位应当自事故伤害发生之日或者被诊断、鉴定为职业病之日起30日内，向统筹地区社会保险行政部门提出工伤认定申请。遇有特殊情况，经报社会保险行政部门同意，申请时限可以适当延长。

用人单位未按前款规定提出工伤认定申请的，工伤职工或者其直系亲属、工会组织在事故伤害发生之日或者被诊断、鉴定为职业病之日起1年内，可以直接向用人单位所在地统筹地区劳动保障行政部门提出工伤认定申请。

按照本条第一款规定应当由省级社会保险行政部门进行工伤认定的事项，根据属地原则由用人单位所在地的设区的市级社会保险行政部门办理。

用人单位未在本条第一款规定的时限内提交工伤认定申请，在此期间发生符合本条例规定的工伤待遇等有关费用由该用人单位负担。

第十八条 提出工伤认定申请应当提交下列材料：

（一）工伤认定申请表；

（二）与用人单位存在劳动关系（包括事实劳动关系）的证明材料；

（三）医疗诊断证明或者职业病诊断证明书（或者职业病诊断鉴定书）。

工伤认定申请表应当包括事故发生的时间、地点、原因以及职工伤害程度等基本情况。

工伤认定申请人提供材料不完整的，社会保险行政部门应当一次性书面告知工伤认定申请人需要补正的全部材料。申请人按照书面告知要求补正材料后，社会保险行政部门应当受理。

第十九条 社会保险行政部门受理工伤认定申请后，根据审核需要可以对事故伤害进行调查核实，用人单位、职工、工会组织、医疗机构以及有关部门应当予以协助。职业病诊断和诊断争议的鉴定，依照职业病防治法的有关规定执行。对依法取得职业病诊断证明书或者职业病诊断鉴定书的，社会保险行政部门不再进行调查核实。

职工或者其近亲属认为是工伤，用人单位不认为是工伤的，由用人单位承担举证责任。

第二十条 社会保险行政部门应当自受理工伤认定申请之日起 60 日内作出工伤认定的决定，并书面通知申请工伤认定的职工或者其近亲属和该职工所在单位。

社会保险行政部门对受理的事实清楚、权利义务明确的工伤认定申请，应当在 15 日内作出工伤认定的决定。

作出工伤认定决定需要以司法机关或者有关行政主管部门的结论为依据的，在司法机关或者有关行政主管部门尚未作出结论期间，作出工伤认定决定的时限中止。

社会保险行政部门工作人员与工伤认定申请人有利害关系的，应当回避。

第四章 劳动能力鉴定

第二十一条 职工发生工伤，经治疗伤情相对稳定后存在残疾、影响劳动能力的，应当进行劳动能力鉴定。

第二十二条 劳动能力鉴定是指劳动功能障碍程度和生活自理障碍程度的等级鉴定。

劳动功能障碍分为十个伤残等级，最重的为一级，最轻的为十级。

生活自理障碍分为三个等级：生活完全不能自理、生活大部分不能自理和生活部分不能自理。

劳动能力鉴定标准由国务院社会保险行政部门会同国务院卫生行政部门等部门制定。

第二十三条 劳动能力鉴定由用人单位、工伤职工或者其近亲属向设区的市级劳动能力鉴定委员会提出申请，并提供工伤认定决定和职工工伤医疗的有关资料。

第二十四条 省、自治区、直辖市劳动能力鉴定委员会和设区的市级劳动能力鉴定委员会分别由省、自治区、直辖市和设区的市级社会保险行政部门、卫生行政部门、工会组织、经办机构代表以及用人单位代表组成。

劳动能力鉴定委员会建立医疗卫生专家库。列入专家库的医疗卫生专业技术人员应当具备下列条件：

（一）具有医疗卫生高级专业技术职务任职资格；

（二）掌握劳动能力鉴定的相关知识；

（三）具有良好的职业品德。

第二十五条 设区的市级劳动能力鉴定委员会收到劳动能力鉴定申请后，应当从其建立的医疗卫生专家库中随机抽取 3 名或者 5 名相关专家组成专家组，由专家组提出鉴定意见。设区的市级劳动能力鉴定委员会根据专家组的鉴定意见作出工伤职工劳动能力鉴定结论；必要时，可以委托具备资格的医疗机构协助进行有关的诊断。

设区的市级劳动能力鉴定委员会应当自收到劳动能力鉴定申请之日起 60 日内作出劳动能力鉴定结论，必要时，作出劳动能力鉴定结论的期限可以延长 30 日。劳动能力鉴定结论应当及时送达申请鉴定的单位和个人。

第二十六条　申请鉴定的单位或者个人对设区的市级劳动能力鉴定委员会作出的鉴定结论不服的，可以在收到该鉴定结论之日起15日内向省、自治区、直辖市劳动能力鉴定委员会提出再次鉴定申请。省、自治区、直辖市劳动能力鉴定委员会作出的劳动能力鉴定结论为最终结论。

第二十七条　劳动能力鉴定工作应当客观、公正。劳动能力鉴定委员会组成人员或者参加鉴定的专家与当事人有利害关系的，应当回避。

第二十八条　自劳动能力鉴定结论作出之日起1年后，工伤职工或者其近亲属、所在单位或者经办机构认为伤残情况发生变化的，可以申请劳动能力复查鉴定。

第二十九条　劳动能力鉴定委员会依照本条例第二十六条和第二十八条的规定进行再次鉴定和复查鉴定的期限，依照本条例第二十五条第二款的规定执行。

第五章　工伤保险待遇

第三十条　职工因工作遭受事故伤害或者患职业病进行治疗，享受工伤医疗待遇。

职工治疗工伤应当在签订服务协议的医疗机构就医，情况紧急时可以先到就近的医疗机构急救。

治疗工伤所需费用符合工伤保险诊疗项目目录、工伤保险药品目录、工伤保险住院服务标准的，从工伤保险基金支付。工伤保险诊疗项目目录、工伤保险药品目录、工伤保险住院服务标准，由国务院社会保险行政部门会同国务院卫生行政部门、食品药品监督管理部门等部门规定。

职工住院治疗工伤的伙食补助费，以及经医疗机构出具证明，报经办机构同意，工伤职工到统筹地区以外就医所需的交通、食宿费用从工伤保险基金支付，基金支付的具体标准由统筹地区人民政府规定。

工伤职工治疗非工伤引发的疾病，不享受工伤医疗待遇，按照基本医疗保险办法处理。

工伤职工到签订服务协议的医疗机构进行工伤康复的费用，符合规定的，从工伤保险基金支付。

第三十一条　社会保险行政部门作出认定为工伤的决定后发生行政复议、行政诉讼的，行政复议和行政诉讼期间不停止支付工伤职工治疗工伤的医疗费用。

第三十二条　工伤职工因日常生活或者就业需要，经劳动能力鉴定委员会确认，可以安装假肢、矫形器、假眼、假牙和配置轮椅等辅助器具，所需费用按照国家规定的标准从工伤保险基金支付。

第三十三条　职工因工作遭受事故伤害或者患职业病需要暂停工作接受工伤医疗的，在停工留薪期内，原工资福利待遇不变，由所在单位按月支付。

停工留薪期一般不超过12个月。伤情严重或者情况特殊，经设区的市级劳动能力鉴定委员会确认，可以适当延长，但延长不得超过12个月。工伤职工评定伤残等级后，停发原待遇，按照本章的有关规定享受伤残待遇。工伤职工在停工留薪期满后仍需治疗的，继续享受工伤医疗待遇。

生活不能自理的工伤职工在停工留薪期需要护理的，由所在单位负责。

第三十四条 工伤职工已经评定伤残等级并经劳动能力鉴定委员会确认需要生活护理的，从工伤保险基金按月支付生活护理费。

生活护理费按照生活完全不能自理、生活大部分不能自理或者生活部分不能自理3个不同等级支付，其标准分别为统筹地区上年度职工月平均工资的50%、40%或者30%。

第三十五条 职工因工致残被鉴定为一级至四级伤残的，保留劳动关系，退出工作岗位，享受以下待遇：

（一）从工伤保险基金按伤残等级支付一次性伤残补助金，标准为：一级伤残为27个月的本人工资，二级伤残为25个月的本人工资，三级伤残为23个月的本人工资，四级伤残为21个月的本人工资；

（二）从工伤保险基金按月支付伤残津贴，标准为：一级伤残为本人工资的90%，二级伤残为本人工资的85%，三级伤残为本人工资的80%，四级伤残为本人工资的75%。伤残津贴实际金额低于当地最低工资标准的，由工伤保险基金补足差额；

（三）工伤职工达到退休年龄并办理退休手续后，停发伤残津贴，按照国家规定享受基本养老保险待遇，基本养老保险待遇低于伤残津贴的由工伤保险基金补足差额。

职工因工致残被鉴定为一级至四级伤残的，由用人单位和职工个人以伤残津贴为基数，缴纳基本医疗保险费。

第三十六条 职工因工致残被鉴定为五级、六级伤残的，享受以下待遇：

（一）从工伤保险基金按伤残等级支付一次性伤残补助金，标准为：五级伤残为18个月的本人工资，六级伤残为16个月的本人工资；

（二）保留与用人单位的劳动关系，由用人单位安排适当工作。难以安排工作的，由用人单位按月发给伤残津贴，标准为：五级伤残为本人工资的70%，六级伤残为本人工资的60%，并由用人单位按照规定为其缴纳应缴纳的各项社会保险费。伤残津贴实际金额低于当地最低工资标准的，由用人单位补足差额。

经工伤职工本人提出，该职工可以与用人单位解除或者终止劳动关系，由工伤保险基金支付一次性工伤医疗补助金，由用人单位支付一次性伤残就业补助金。一次性工伤医疗补助金和一次性伤残就业补助金的具体标准由省、自治区、直辖市人民政府规定。

第三十七条 职工因工致残被鉴定为七级至十级伤残的，享受以下待遇：

（一）从工伤保险基金按伤残等级支付一次性伤残补助金，标准为：七级伤残为13个月的本人工资，八级伤残为11个月的本人工资，九级伤残为9个月的本人工资，十级伤残为7个月的本人工资；

（二）劳动、聘用合同期满终止，或者职工本人提出解除劳动、聘用合同的，由工伤保险基金支付一次性工伤医疗补助金，由用人单位支付一次性伤残就业补助金。

一次性工伤医疗补助金和一次性伤残就业补助金的具体标准由省、自治区、直辖市人民政府规定。

第三十八条　工伤职工工伤复发，确认需要治疗的，享受本条例第三十条、第三十二条和第三十三条规定的工伤待遇。

第三十九条　职工因工死亡，其近亲属按照下列规定从工伤保险基金领取丧葬补助金、供养亲属抚恤金和一次性工亡补助金：

（一）丧葬补助金为6个月的统筹地区上年度职工月平均工资；

（二）供养亲属抚恤金按照职工本人工资的一定比例发给由因工死亡职工生前提供主要生活来源、无劳动能力的亲属。标准为：配偶每月40%，其他亲属每人每月30%，孤寡老人或者孤儿每人每月在上述标准的基础上增加10%。核定的各供养亲属的抚恤金之和不应高于因工死亡职工生前的工资。供养亲属的具体范围由国务院社会保险行政部门规定；

（三）一次性工亡补助金标准为上一年度全国城镇居民人均可支配收入的20倍。

伤残职工在停工留薪期内因工伤导致死亡的，其近亲属享受本条第一款规定的待遇。

一级至四级伤残职工在停工留薪期满后死亡的，其近亲属可以享受本条第一款第（一）项、第（二）项规定的待遇。

第四十条　伤残津贴、供养亲属抚恤金、生活护理费由统筹地区社会保险行政部门根据职工平均工资和生活费用变化等情况适时调整。调整办法由省、自治区、直辖市人民政府规定。

第四十一条　职工因工外出期间发生事故或者在抢险救灾中下落不明的，从事故发生当月起3个月内照发工资，从第4个月起停发工资，由工伤保险基金向其供养亲属按月支付供养亲属抚恤金。生活有困难的，可以预支一次性工亡补助金的50%。职工被人民法院宣告死亡的，按照本条例第三十九条职工因工死亡的规定处理。

第四十二条　工伤职工有下列情形之一的，停止享受工伤保险待遇：

（一）丧失享受待遇条件的；

（二）拒不接受劳动能力鉴定的；

（三）拒绝治疗的。

第四十三条　用人单位分立、合并、转让的，承继单位应当承担原用人单位的工伤保险责任；原用人单位已经参加工伤保险的，承继单位应当到当地经办机构办理工伤保险变更登记。

用人单位实行承包经营的，工伤保险责任由职工劳动关系所在单位承担。

职工被借调期间受到工伤事故伤害的，由原用人单位承担工伤保险责任，但原用人单位与借调单位可以约定补偿办法。

企业破产的，在破产清算时依法拨付应当由单位支付的工伤保险待遇费用。

第四十四条　职工被派遣出境工作，依据前往国家或者地区的法律应当参加当地工伤保险的，参加当地工伤保险，其国内工伤保险关系中止；不能参加当地工伤保险的，其国内工伤保险关系不中止。

第四十五条 职工再次发生工伤，根据规定应当享受伤残津贴的，按照新认定的伤残等级享受伤残津贴待遇。

第六章 监督管理

第四十六条 经办机构具体承办工伤保险事务，履行下列职责：

（一）根据省、自治区、直辖市人民政府规定，征收工伤保险费；

（二）核查用人单位的工资总额和职工人数，办理工伤保险登记，并负责保存用人单位缴费和职工享受工伤保险待遇情况的记录；

（三）进行工伤保险的调查、统计；

（四）按照规定管理工伤保险基金的支出；

（五）按照规定核定工伤保险待遇；

（六）为工伤职工或者其近亲属免费提供咨询服务。

第四十七条 经办机构与医疗机构、辅助器具配置机构在平等协商的基础上签订服务协议，并公布签订服务协议的医疗机构、辅助器具配置机构的名单。具体办法由国务院社会保险行政部门分别会同国务院卫生行政部门、民政部门等部门制定。

第四十八条 经办机构按照协议和国家有关目录、标准对工伤职工医疗费用、康复费用、辅助器具费用的使用情况进行核查，并按时足额结算费用。

第四十九条 经办机构应当定期公布工伤保险基金的收支情况，及时向社会保险行政部门提出调整费率的建议。

第五十条 社会保险行政部门、经办机构应当定期听取工伤职工、医疗机构、辅助器具配置机构以及社会各界对改进工伤保险工作的意见。

第五十一条 社会保险行政部门依法对工伤保险费的征缴和工伤保险基金的支付情况进行监督检查。

财政部门和审计机关依法对工伤保险基金的收支、管理情况进行监督。

第五十二条 任何组织和个人对有关工伤保险的违法行为，有权举报。社会保险行政部门对举报应当及时调查，按照规定处理，并为举报人保密。

第五十三条 工会组织依法维护工伤职工的合法权益，对用人单位的工伤保险工作实行监督。

第五十四条 职工与用人单位发生工伤待遇方面的争议，按照处理劳动争议的有关规定处理。

第五十五条 有下列情形之一的，有关单位或者个人可以依法申请行政复议，也可以依法向人民法院提起行政诉讼：

（一）申请工伤认定的职工或者其近亲属、该职工所在单位对工伤认定申请不予受理的决定不服的；

（二）申请工伤认定的职工或者其近亲属、该职工所在单位对工伤认定结论不服的；

（三）用人单位对经办机构确定的单位缴费费率不服的；

（四）签订服务协议的医疗机构、辅助器具配置机构认为经办机构未履行有关协议或者规定的；

（五）工伤职工或者其近亲属对经办机构核定的工伤保险待遇有异议的。

第七章 法律责任

第五十六条 单位或者个人违反本条例第十二条规定挪用工伤保险基金，构成犯罪的，依法追究刑事责任；尚不构成犯罪的，依法给予处分或者纪律处分。被挪用的基金由社会保险行政部门追回，并入工伤保险基金；没收的违法所得依法上缴国库。

第五十七条 社会保险行政部门工作人员有下列情形之一的，依法给予处分；情节严重，构成犯罪的，依法追究刑事责任：

（一）无正当理由不受理工伤认定申请，或者弄虚作假将不符合工伤条件的人员认定为工伤职工的；

（二）未妥善保管申请工伤认定的证据材料，致使有关证据灭失的；

（三）收受当事人财物的。

第五十八条 经办机构有下列行为之一的，由社会保险行政部门责令改正，对直接负责的主管人员和其他责任人员依法给予纪律处分；情节严重，构成犯罪的，依法追究刑事责任；造成当事人经济损失的，由经办机构依法承担赔偿责任：

（一）未按规定保存用人单位缴费和职工享受工伤保险待遇情况记录的；

（二）不按规定核定工伤保险待遇的；

（三）收受当事人财物的。

第五十九条 医疗机构、辅助器具配置机构不按服务协议提供服务的，经办机构可以解除服务协议。

经办机构不按时足额结算费用的，由社会保险行政部门责令改正；医疗机构、辅助器具配置机构可以解除服务协议。

第六十条 用人单位、工伤职工或者其近亲属骗取工伤保险待遇，医疗机构、辅助器具配置机构骗取工伤保险基金支出的，由社会保险行政部门责令退还，处骗取金额2倍以上5倍以下的罚款；情节严重，构成犯罪的，依法追究刑事责任。

第六十一条 从事劳动能力鉴定的组织或者个人有下列情形之一的，由社会保险行政部门责令改正，处2 000元以上1万元以下的罚款；情节严重，构成犯罪的，依法追究刑事责任：

（一）提供虚假鉴定意见的；

（二）提供虚假诊断证明的；

（三）收受当事人财物的。

第六十二条 用人单位依照本条例规定应当参加工伤保险而未参加的，由社会保险行政部门责令限期参加，补缴应当缴纳的工伤保险费，并自欠缴之日起，按日加收万分之五的滞纳金；逾期仍不缴纳的，处欠缴数额1倍以上3倍以下的罚款。

依照本条例规定应当参加工伤保险而未参加工伤保险的用人单位职工发生工伤

的，由该用人单位按照本条例规定的工伤保险待遇项目和标准支付费用。

用人单位参加工伤保险并补缴应当缴纳的工伤保险费、滞纳金后，由工伤保险基金和用人单位依照本条例的规定支付新发生的费用。

第六十三条 用人单位违反本条例第十九条的规定，拒不协助社会保险行政部门对事故进行调查核实的，由社会保险行政部门责令改正，处 2 000 元以上 2 万元以下的罚款。

第八章 附则

第六十四条 本条例所称工资总额，是指用人单位直接支付给本单位全部职工的劳动报酬总额。

本条例所称本人工资，是指工伤职工因工作遭受事故伤害或者患职业病前 12 个月平均月缴费工资。本人工资高于统筹地区职工平均工资 300%的，按照统筹地区职工平均工资的 300%计算；本人工资低于统筹地区职工平均工资 60%的，按照统筹地区职工平均工资的 60%计算。

第六十五条 公务员和参照公务员法管理的事业单位、社会团体的工作人员因工作遭受事故伤害或者患职业病的，由所在单位支付费用。具体办法由国务院社会保险行政部门会同国务院财政部门规定。

第六十六条 无营业执照或者未经依法登记、备案的单位以及被依法吊销营业执照或者撤销登记、备案的单位的职工受到事故伤害或者患职业病的，由该单位向伤残职工或者死亡职工的近亲属给予一次性赔偿，赔偿标准不得低于本条例规定的工伤保险待遇；用人单位不得使用童工，用人单位使用童工造成童工伤残、死亡的，由该单位向童工或者童工的近亲属给予一次性赔偿，赔偿标准不得低于本条例规定的工伤保险待遇。具体办法由国务院社会保险行政部门规定。

前款规定的伤残职工或者死亡职工的近亲属就赔偿数额与单位发生争议的，以及前款规定的童工或者童工的近亲属就赔偿数额与单位发生争议的，按照劳动争议的有关规定处理。

第六十七条 本条例自 2004 年 1 月 1 日起施行。本条例施行前已受到事故伤害或者患职业病的职工尚未完成工伤认定的，按照本条例的规定执行。

《工伤保险经办规程》

人力资源和社会保障部于2012年2月6日印发《工伤保险经办规程》(人社部发〔2012〕11号)(以下简称《规程》),各地在实施《规程》过程中,可结合本地实际需要,按照精确化管理和信息化手段的要求,因地制宜补充、完善有关内容。请各地注意跟踪、了解《规程》实施情况,及时发现问题并研究提出解决意见和办法,有关情况及时向人力资源和社会保障部社会保险事业管理中心反馈。

第一章　总则

第一条　为加强工伤保险业务经办管理,规范和统一经办操作程序,依据《中华人民共和国社会保险法》和《工伤保险条例》等有关法律法规,制定本规程。

第二条　全国各统筹地区社会保险经办机构(以下简称"经办机构")经办工伤保险业务适用本规程。

代征工伤保险费的税务机关征收部门(以下简称"税务机关")应参照执行本规程的有关规定。

第三条　工伤保险经办业务划分为社会保险登记,工伤保险费征缴,工伤医疗、康复与辅助器具配置管理,工伤待遇审核,工伤待遇和专项费用支付,财务管理,信息管理,稽核监督,权益记录与服务等内容。

第四条　经办机构内设登记、征缴、业务、财务、信息、稽核、档案等管理部门(以下简称登记部门、征缴部门、业务部门、财务部门等)。

各级经办机构应明确岗位职责,建立管理、服务、监督、考核等工作制度,保证业务经办的规范、便捷、高效、优质。各地区应逐步实行社会保险费统一征缴和支付,已实现的地区可依据本规程简化相关程序。

第二章　社会保险登记

社会保险登记包括参保登记、变更登记、注销登记、社会保险登记证管理等内容。

第一节　参保登记

第五条　登记部门应与工商行政管理、民政和机构编制管理机关等用人单位登记管理部门建立信息沟通机制,及时获取用人单位成立、终止的信息。

获取的信息包括:工商注册号、单位名称、法定代表人、注册类型、成立日期、变更事项、地址、联系电话等内容。

第六条　登记部门应及时接收公安机关通报的参保人员出生、死亡,居民身份证号码、姓名变更以及户口登记、迁移、注销等情况,掌握个人信息变动情况。

第七条　用人单位依法参加工伤保险时,登记部门为其办理工伤保险参保登记。用人单位需填报《社会保险登记表》并提供以下证件和资料:

(一)营业执照、事业单位法人证书、社会团体法人登记证书、民办非企业单位登记证书或批准成立证件；

（二）组织机构统一代码证书；

（三）省、自治区、直辖市经办机构规定的其他证件和资料。

对在统筹地区外参加其他社会保险项目而申请在本地区参加工伤保险的，还应提供其社会保险登记证及统筹地区外的参保缴费证明。

跨地区的特殊行业应采取相对集中的方式在统筹层次较高的地区异地参加工伤保险。

第八条 用人单位依法为其职工办理社会保险登记时，需填报《参加社会保险人员登记变动申报名册》并提供以下证件和资料：

（一）居民身份证原件及复印件；

（二）劳动合同等用工手续；

（三）省、自治区、直辖市经办机构规定的其他证件和资料。

第九条 登记部门应自受理用人单位申报之日起 15 日内审核完毕。审核通过后，根据用人单位营业执照或其他批准成立证件中登记的主要经营范围，对照《国民经济行业分类》（GB/T4754—2011）和《工伤保险行业风险分类表》（《关于工伤保险费率问题的通知》劳社部发〔2003〕29 号），确定其行业风险类别。

经办机构向首次参加社会保险的用人单位核发社会保险登记证，为首次参加社会保险的职工个人建立社会保险关系，核发社会保障卡。

未通过参保审核的，登记部门应书面向用人单位说明原因。

第十条 用人单位要为本月申报缴费期结束后新招录的职工及时申报并补缴工伤保险费，登记部门根据其填报的《参加社会保险人员登记变动申报名册》及相关资料，为其办理职工参保预登记。并在下月申报缴费期办理职工参保登记手续。

第二节 变更登记

第十一条 用人单位在以下事项变更时，填报《社会保险变更登记表》，并提供本规程第七条规定的证件和资料，登记部门为其办理工伤保险变更登记手续。

（一）单位名称；

（二）单位地址；

（三）法定代表人或负责人；

（四）单位类型；

（五）组织机构统一代码；

（六）主管部门或隶属关系；

（七）开户银行及账号；

（八）经营范围；

（九）省、自治区、直辖市经办机构规定的其他事项。

第十二条 用人单位用工情况发生变更时，需填报《参加社会保险人员登记变动申报名册》并提供以下证件和资料：

（一）新招录：劳动合同等用工手续；

其中属于招录外单位在册不在岗职工（含企事业单位停薪留职人员、未达到法定退休年龄人员、下岗待岗人员及经营性停产放长假人员）在本单位从事临时劳动，存在多重劳动关系参加工伤保险的，需提供劳动协议或事实劳动关系的证明；

（二）解除或终止劳动关系：劳动合同到期、开除、辞退、辞职、应征入伍等相关资料或证明；

（三）退休：退休审批表；

（四）死亡：居民死亡医学证明书或其他死亡证明材料；

（五）其他情形：省、自治区、直辖市经办机构规定的其他相关资料。

第十三条　登记部门对用人单位社会保险登记事项发生变化的，收回原社会保险登记证，并重新核发。对职工姓名、居民身份证号码发生变更的，更新社会保障卡。

未通过变更审核的，登记部门应书面向用人单位说明原因。

第三节　注销登记

第十四条　用人单位发生以下情形时，填报《社会保险注销登记表》，登记部门为其办理社会保险注销登记手续：

（一）营业执照被注销或吊销；

（二）被批准解散、撤销、合并、破产、终止；

（三）国家法律、法规规定的其他情形。

根据《社会保险登记管理办法》，用人单位营业执照被注销或吊销且连续两年未办理登记证验证，经办机构可强制进行注销登记。

第十五条　用人单位办理注销登记时，根据注销类型分别提供以下证件和资料：

（一）注销通知或人民法院判决单位破产等法律文书；

（二）用人单位主管部门或有关部门批准解散、撤销、终止或合并的有关文件；

（三）社会保险登记证；

（四）省、自治区、直辖市经办机构规定的其他证件和资料。

第十六条　登记部门审核上述证件和资料，并会同征缴部门确认用人单位结清欠费、滞纳金等，对符合注销条件的，办理注销社会保险登记手续。对已注销社会保险登记的用人单位职工信息另行管理。

第四节　社会保险登记证管理

第十七条　登记部门应定期对用人单位进行社会保险登记证验证，审核其社会保险登记项目变化、规范参保等情况，并要求其在规定的时间内提供以下证件和资料：

（一）社会保险登记证；

（二）营业执照、批准成立证件或其他核准执业证件；

（三）组织机构统一代码证书；

（四）省、自治区、直辖市经办机构规定的其他证件和资料。

第十八条　登记部门审核用人单位提供的证件和资料，核实用人单位为其职工办理应参加保险项目的登记、申报工资和缴费、社会保险变更登记或注销登记，以及经办机构规定的其他情况，生成《社会保险验证审核表》，并会同征缴部门和稽核部门确定审核结果。

对确认存在违规情况的，暂不予办理验证签章；对相关证件和资料齐全的，在社会保险登记证验证记录页，签署验证日期，加盖经办机构验证专用章。

第十九条 社会保险登记证有效期满或符合本规程第十一条规定的用人单位，登记部门受理申请后，重新核发社会保险登记证，记载重新核发登记证原因及日期。

符合本规程第十六条规定的用人单位，经办机构应收回社会保险登记证，加盖作废章。

第二十条 遗失、损毁社会保险登记证的，用人单位需要提供遗失、损毁证明资料，并提出书面申请，登记部门审核用人单位提供的相关证件和资料，补发社会保险登记证。

第二十一条 未按规定办理社会保险年检验证与换证的用人单位，应转交稽核部门督促办理。

第三章 工伤保险费征缴

工伤保险费征缴包括基数核定、费率核定、缴费核定、缴费结算、欠费管理等内容。

第一节 基数核定

第二十二条 征缴部门按统筹地区规定时间受理用人单位填报的《工伤保险缴费基数申报核定表》，并要求其提供以下资料：

（一）劳动工资统计月（年）报表；

（二）职工工资发放明细表；

（三）《缴费工资申报名册》；

（四）省、自治区、直辖市经办机构规定的其他资料。

第二十三条 征缴部门在规定时间审核用人单位提供的基数核定申报资料，确认职工人数、工资总额后，核定当期缴费基数，生成《缴费基数确认名册》，由用人单位确认。

审核用人单位缴费基数确认情况时，根据用人单位填报的《缴费基数确认情况汇总表》，审核由职工签字确认的《缴费工资申报名册》《缴费基数确认名册》或由用人单位签章确认的《缴费基数承诺书》。

第二十四条 核定缴费基数或审核基数确认情况时，若发现用人单位存在少报、漏报、瞒报情况的，征缴部门应要求用人单位限期补足，对拒不提供相关资料或不补足缴费的，转交稽核部门进行核查并责令补足。

第二节 费率核定

第二十五条 登记部门根据用人单位登记时确定的行业风险类别和国务院社会保险行政部门确定的行业差别费率标准（现行标准为《关于工伤保险费率问题的通知》），核定其工伤保险初次缴费的基准费率。

第二十六条 征缴部门根据当地的工伤保险费率浮动办法及《工伤保险费率浮动规程》(《关于印发工伤保险费率浮动规程的通知》人社险中心函〔2011〕101

号），在核定基准费率的基础上，根据用人单位一定期限内工伤保险支缴率、工伤发生率、一至四级伤残人数或因工死亡人数等费率浮动考核指标，填写《工伤保险费率浮动明细表》确定用人单位缴费费率，并于5个工作日内填写《工伤保险费率浮动告知书》告知用人单位。用人单位对费率浮动结果有异议的，填写《重新核定工伤保险费率申请表》。

第二十七条　经办机构每年4月30日前填写《工伤保险费率浮动情况汇总表》，报上级经办机构。根据工伤保险基金收支情况及基金预算执行情况，建立费率浮动效果跟踪分析制度，及时调整浮动费率。

第三节　缴费核定

第二十八条　征缴部门根据用人单位当期缴费人数、缴费基数、缴费费率核定缴费金额，以及补缴金额、滞纳金，核定当期工伤保险费应缴总额。

用人单位核对无误后，根据《工伤保险缴费申报（核定）表》或《社会保险费申报（核定）表》，按规定时限办理缴费结算。

第二十九条　用人单位存在少报、漏报、瞒报等情况，征缴（登记）部门审核用人单位申报的《参加工伤保险人员补缴申报名册》及相关资料，根据缴费人数、缴费基数、补缴期限核定应补缴金额。

第三十条　征缴部门核定加收的用人单位滞纳金，根据用人单位应缴起始时间，以及应补缴金额予以核定，将滞纳金金额计入用人单位应缴总额。

用人单位应缴起始时间按照统筹地区相关规定执行。

第三十一条　难以直接按照工资总额计算缴纳工伤保险费的建筑施工企业、小型服务企业、小型矿山等企业的缴费核定，按照参保地所在省（自治区、直辖市）社会保险行政部门制定的建筑施工企业、小型服务企业、小型矿山等企业工伤保险费缴费办法、标准，分别核定应缴金额。

第四节　缴费结算

第三十二条　由经办机构征收的统筹地区，经办机构与国有商业银行签订收款服务协议，由商业银行受理用人单位采用委托扣款、小额借记、电汇、本票、刷卡等方式缴费。财务部门对账无误后，开具专用收款凭证，生成《工伤保险费实缴清单》，并通知征缴部门。

由税务机关代征的统筹地区，经办机构按月将《工伤保险缴费核定汇总表》及《工伤保险缴费核定明细表》传送给税务机关，作为征收依据。税务机关收款后，每月在规定时间内向经办机构传送到账信息、《工伤保险费实缴清单》，转交相关收款凭证。

第三十三条　征缴部门根据《工伤保险费实缴清单》，向申报后未及时缴纳工伤保险费的用人单位发出《社会保险费催缴通知书》。用人单位逾期未足额缴纳的，征缴部门建立欠费台账如实登记后转欠费管理。

第五节　欠费管理

第三十四条　征缴部门根据工伤保险欠费台账，生成《社会保险费还欠通知单》，通知用人单位偿还欠费。

第三十五条 根据《社会保险费征缴管理办法》，用人单位拒不缴纳欠费的，征缴部门会同稽核部门按照本规程第一三五条的规定处理。

第三十六条 对因筹资困难，无法足额偿还欠费的用人单位，转交稽核部门进行缴费能力稽核。经核查情况属实的，征缴部门与其签订社会保险还欠协议（以下简称“还欠协议”）。如欠费单位发生被兼并、分立、破产等情况时，按下列方法签订还欠协议：

（一）欠费单位被兼并的，与兼并方签订还欠协议；

（二）欠费单位分立的，与各分立方签订还欠协议；

（三）欠费单位进入破产程序的，与清算组签订清偿协议；

（四）单位被拍卖出售或租赁的，与主管部门签订还欠协议。

第三十七条 用人单位根据《工伤保险费还欠通知单》或还欠协议办理还欠的，由财务部门或税务机关按照本规程第三十二条收款。征缴部门根据还欠到账信息记载欠费台账。

破产单位无法完全清偿的欠费，征缴部门受理单位破产清算组提出的申请，转交财务部门按规定提请核销处理。

破产单位清算时应预留由用人单位支付的工伤保险待遇的相关费用。

第四章 工伤医疗、康复与辅助器具配置管理

工伤医疗、康复与辅助器具配置管理包括协议管理、工伤医疗管理、工伤康复管理、辅助器具配置管理等内容。

第一节 协议管理

第三十八条 经办机构与符合条件的医疗（康复）机构与辅助器具配置机构签订服务协议。

在公开、公正、平等协商的基础上，经办机构与获得执业许可证的医疗机构或康复机构签订医疗服务协议或康复服务协议；与符合条件的辅助器具配置机构签订辅助器具安装配置服务协议。

工伤医疗（康复）与辅助器具配置服务协议应包括服务人群、服务范围、服务内容、服务质量、费用结算办法、费用审核与控制、违约责任、监督考核、争议处理、协议有效期限等内容。

工伤医疗（康复）与辅助器具配置服务协议在履行过程中如遇情况变化，需要变更、补充或终止的，双方应及时协商议定。

第三十九条 业务部门应与签订服务协议的医疗（康复）机构和辅助器具配置机构（以下简称“工伤保险协议机构”）建立沟通机制，掌握工伤医疗（康复）及辅助器具配置情况，并进行工伤保险经办政策的宣传、解释与培训。

业务部门应将已签订服务协议的工伤保险协议机构名单及时向社会公布。

第四十条 业务部门按照协议对工伤保险协议机构进行监督监控，定期考核通报，并建立诚信服务评价制度。

如严重违反协议，协议双方均可单方解除协议。提出解除协议的一方应按照协

议规定时间通知另一方，并协助做好已收治工伤职工的医疗（康复）服务并按规定结算工伤医疗（康复）费。

第二节　工伤医疗管理

第四十一条　职工发生工伤后，应在工伤保险协议机构进行治疗，情况紧急时可以先到就近的医疗机构急救。

职工在统筹地区以外发生工伤的，应优先选择事故发生地工伤保险协议机构治疗，用人单位要及时向业务部门报告工伤职工的伤情及救治医疗机构情况，并待伤情稳定后转回统筹地区工伤保险协议机构继续治疗。

第四十二条　居住在统筹地区以外的工伤职工，经统筹地区劳动能力鉴定委员会鉴定或者经统筹地区社会保险行政部门委托居住地劳动能力鉴定委员会鉴定需要继续治疗的，工伤职工本人应在居住地选择一所县级以上工伤保险协议机构或同级医疗机构进行治疗，填报《工伤职工异地居住就医申请表》，并经过业务部门批准。

第四十三条　工伤职工因工伤进行门（急）诊或住院诊疗时，工伤保险协议机构应严格遵守工伤保险诊疗项目目录、工伤保险药品目录、工伤保险住院服务标准（以下简称“三目录”）。

第四十四条　工伤职工因旧伤复发需要治疗的，填写《工伤职工旧伤复发治疗申请表》，由就诊的工伤保险协议机构提出工伤复发的诊断意见，经业务部门核准后到工伤保险协议机构就医。

对旧伤复发有争议的，由劳动能力鉴定委员会确定。

第四十五条　工伤职工因伤情需要到统筹地区以外就医的，由经办机构指定的工伤保险协议机构提出意见，填写《工伤职工转诊转院申请表》，报业务部门批准。

第三节　工伤康复管理

第四十六条　工伤职工经治疗病情相对稳定后，因存在肢体、器官功能性障碍或缺陷，可以通过医疗技术、物理治疗、作业治疗、心理治疗、康复护理与职业训练等综合手段，使其达到功能部分恢复或完全恢复并获得就业能力，经办机构应鼓励其进行康复治疗，使其可以尽早重返工作岗位。

第四十七条　工伤职工需要进行身体机能、心理康复或职业训练的，应由工伤保险协议机构提出康复治疗方案，包括康复治疗项目、时间、预期效果和治疗费用等内容，用人单位、工伤职工或近亲属提出申请，填写《工伤职工康复申请表》，报业务部门批准。

第四十八条　工伤康复治疗的时间需要延长时，由工伤保险协议机构提出意见，用人单位、工伤职工或近亲属同意，并报业务部门批准。

第四十九条　工伤职工康复治疗结束后，应由工伤保险协议机构作出最终评价，制定社会康复方案，提供残疾适应指导、家庭康复指导等。业务部门应对工伤职工康复治疗情况进行跟踪管理。

业务部门应建立工伤康复评估专家数据库，随机抽取专家对申请工伤康复职工的康复价值、康复时限、康复效果进行评估。

第四节 辅助器具配置管理

第五十条 按照《工伤保险辅助器具配置管理办法》，工伤职工需要配置（更换）辅助器具的，由用人单位、工伤职工或近亲属填写《工伤职工配置（更换）辅助器具申请表》，并持劳动能力鉴定委员会出具的配置辅助器具确认书，由业务部门核准后到工伤职工选定的工伤保险协议机构配置。

第五十一条 统筹地区无法提供所需种类的辅助器具的，报业务部门批准，工伤职工可以到其他地区的工伤保险协议机构配置辅助器具，业务部门按照本统筹地区规定的目录及配置标准核定费用。

第五十二条 辅助器具配置协议机构应建立产品质量承诺和跟踪服务制度。业务部门根据协议对辅助器具配置机构进行监督管理，对工伤职工配置辅助器具的情况进行核查，并将核查结果作为评价辅助器具配置机构的依据。

第五章 工伤待遇审核

工伤待遇审核包括工伤登记、医疗（康复）待遇审核、辅助器具配置费用审核、伤残待遇审核、工亡待遇审核、涉及第三人的工伤待遇审核、先行支付审核等内容。

第一节 工伤登记

第五十三条 职工发生事故伤害，用人单位可通过电话、传真、网络等方式及时向业务部门进行工伤事故备案，并根据事故发生经过和医疗救治情况，填写《工伤事故备案表》。

第五十四条 职工发生事故伤害或按照职业病防治法规定被诊断、鉴定为职业病，经社会保险行政部门认定工伤后，用人单位应及时到业务部门办理工伤职工登记，填写《工伤职工登记表》，并提供以下证件和资料：

（一）居民身份证原件及复印件；

（二）认定工伤决定书；

（三）工伤职工停工留薪期确认通知；

（四）省、自治区、直辖市经办机构规定的其他证件和资料。

停工留薪期内因工伤导致死亡的，还需提供居民死亡医学证明书或其他死亡证明材料。

第五十五条 工伤职工经劳动能力鉴定委员会鉴定伤残等级或护理等级后，用人单位应办理劳动能力鉴定登记，提供以下证件和资料：

（一）劳动能力鉴定结论书；

（二）省、自治区、直辖市经办机构规定的其他证件和资料。

第五十六条 业务部门核查工伤职工的参保缴费情况，审核用人单位提供的证件与资料，核对工伤认定事实与事故备案是否相符，对符合相关条件的职工确认领取工伤待遇资格，进行工伤登记。

第五十七条 职工被借调期间发生工伤事故的，或职工与用人单位解除或终止劳动关系后被确诊为职业病的，由原用人单位为其办理工伤登记。

第五十八条 业务部门审核用人单位提出工伤认定申请时间，超出规定时限的，不支付此期间发生的工伤待遇等有关费用。

第五十九条　进城务工的农村居民申请一次性领取工伤保险长期待遇的，需本人和用人单位书面申请，业务部门应向其说明丧失按月领取长期待遇资格，并与待遇申请人签订一次性领取长期待遇协议，终止工伤保险关系。

第六十条　工伤职工因转移、解除或终止劳动关系，因工伤保险关系发生变动而变更工伤登记，相关用人单位填写《工伤保险关系变动表》并提供相关证明资料。

第二节　医疗（康复）待遇审核

第六十一条　用人单位申报医疗（康复）费，填写《工伤医疗（康复）待遇申请表》并提供以下资料：

（一）医疗机构出具的伤害部位和程度的诊断证明；

（二）工伤职工的医疗（康复）票据、病历、清单、处方及检查报告；

居住在统筹地区以外的工伤职工在居住地就医的，还需提供《工伤职工异地居住就医申请表》。

工伤职工因旧伤复发就医的，还需提供《工伤职工旧伤复发申请表》。

批准到统筹地区以外就医的工伤职工，还需提供《工伤职工转诊转院申请表》。

（三）省、自治区、直辖市经办机构规定的其他证件和资料。

第六十二条　业务部门审核医疗（康复）费的内容包括：

（一）各项检查治疗是否与工伤部位、职业病病情相符；

（二）是否符合工伤保险“三目录”的规定；

（三）是否符合工伤康复诊疗规范和工伤康复服务项目的规定；

（四）省、自治区、直辖市经办机构规定的其他需要审核的内容。

第六十三条　经办机构应推行与工伤保险协议机构的直接联网结算。

已登记的工伤职工持社会保障卡到工伤保险协议机构就诊，工伤保险协议机构按照服务协议传送就诊医疗（康复）费用明细，业务部门根据规定应对药品明细、治疗（康复）项目、检查项目、病程记录及医疗（康复）票据等进行网上审核。

第六十四条　工伤职工住院治疗的，业务部门根据统筹地区人民政府规定的伙食补助费标准及工伤职工的住院天数，核定住院伙食补助费。

业务部门批准到统筹地区以外就医的，根据统筹地区人民政府规定的交通、食宿费标准，核定交通、食宿费用。

第六十五条　业务部门根据核定的工伤（康复）待遇，汇总生成《工伤医疗（康复）待遇审核表》，转经办机构财务部门。

第三节　辅助器具配置费用审核

第六十六条　工伤职工配置（更换）辅助器具，用人单位申报工伤职工的辅助器具配置费用时，提供以下资料：

（一）工伤职工配置（更换）辅助器具申请表；

（二）配置辅助器具确认书；

（三）辅助器具配置票据；

（四）省、自治区、直辖市经办机构规定的其他证件和资料。

第六十七条 业务部门根据辅助器具配置项目、标准，核定工伤职工的辅助器具安装、配置（更换）费用，生成《辅助器具配置费用核定表》，转财务部门。

第四节 伤残待遇审核

第六十八条 业务部门根据劳动能力鉴定结论、工伤职工本人工资或统筹地区上年度职工月平均工资，核定一次性伤残补助金、伤残津贴和生活护理费。

工伤职工与用人单位解除或终止劳动关系时，业务部门根据解除或终止劳动关系的时间和伤残等级，按照省、自治区、直辖市人民政府制定的标准核定一次性工伤医疗补助金。

伤残等级为一至四级的工伤职工退休后，基本养老保险待遇低于伤残津贴的，业务部门根据其基本养老待遇核定与伤残津贴的差额。

业务部门根据核定的伤残待遇生成《伤残待遇核定表》，转财务部门。

第五节 工亡待遇审核

第六十九条 职工因工死亡或停工留薪期内因工伤导致死亡的，业务部门根据工亡时间上年度全国城镇居民人均可支配收入和统筹地区上年度职工月平均工资，核定一次性工亡补助金和丧葬补助金。

伤残等级为一至四级的工伤职工，停工留薪期满死亡的，业务部门根据统筹地区上年度职工月平均工资，核定丧葬补助金。

业务部门根据核定的工亡待遇生成《一次性工亡、丧葬补助金核定表》，转财务部门。

第七十条 申请领取供养亲属抚恤金的，应提供以下资料：

（一）居民身份证原件及复印件；

（二）与工亡职工关系证明；

（三）依靠工亡职工生前提供主要生活来源的证明；

（四）完全丧失劳动能力的提供劳动能力鉴定结论书；

（五）孤儿、孤寡老人提供民政部门相关证明；

（六）在校学生提供学校就读证明；

（七）省、自治区、直辖市经办机构规定的其他证件和资料。

供养亲属范围和条件根据国务院社会保险行政部门有关规定确定。

第七十一条 职工因工外出期间发生事故或在抢险救灾中造成下落不明被认定为工亡的，业务部门应在第 4 个月审核用人单位的证明和近亲属的申请资料，核定供养亲属抚恤金。

职工被人民法院宣告死亡的，业务部门核定其一次性工亡补助金和丧葬补助金。生活有困难的，经近亲属申请，可按照一次性工亡补助金的 50%先进行核定，宣告死亡后核定其剩余的一次性工亡补助金和丧葬补助金。

第七十二条 业务部门审核供养亲属申请资料，根据本人工资，核定每个供养亲属享受的抚恤金金额。

核定的各供养亲属抚恤金之和不应高于因工死亡职工生前的本人工资。

业务部门根据核定的供养亲属抚恤金生成《供养亲属抚恤金核定表》，转财务部门。

第六节 涉及第三人的工伤待遇审核

第七十三条 涉及第三人责任的，业务部门审核工伤待遇时，还应审核以下民事伤害赔偿法律文书：

（一）属于交通事故或者城市轨道交通、客运轮渡、火车事故的，需提供相关的事故责任认定书、事故民事赔偿调解书；

（二）属于遭受暴力伤害的，需提供公安机关出具的遭受暴力伤害证明和赔偿证明资料；

（三）经人民法院判决或调解的，需提供民事判决书或民事调解书等证明资料；

（四）省、自治区、直辖市经办机构规定的其他证件和资料。

第七十四条 业务部门根据民事伤害赔偿法律文书确定的医疗费与工伤待遇中的医疗费比较，不足部分予以补足，其工伤医疗待遇不得重复享受。

业务部门根据统筹地区社会保险行政部门制定的相关政策核定其他工伤待遇。

第七节 先行支付审核

第七十五条 按照《社会保险基金先行支付暂行办法》（人社部令 15 号），未依法缴纳工伤保险费的用人单位申请先行支付，需提供以下资料：

（一）社会保险登记证、工伤保险实缴清单或还欠协议；

（二）认定工伤决定书；

（三）先行支付书面申请资料；

（四）省、自治区、直辖市经办机构规定的其他资料。

用人单位拒不支付工伤待遇，工伤职工或近亲属申请先行支付的，需提供以下资料：

（一）工伤职工与用人单位的劳动关系证明；

（二）社会保险行政部门出具的用人单位拒不支付证明材料；

（三）认定工伤决定书；

（四）工伤职工或近亲属先行支付书面申请资料；

（五）省、自治区、直辖市经办机构规定的其他资料。

第七十六条 按照《社会保险基金先行支付暂行办法》，涉及第三人责任申请先行支付的，第三人不支付工伤医疗费用或者无法确定第三人的，业务部门审核以下资料：

（一）认定工伤决定书；

（二）工伤职工或近亲属先行支付书面申请资料；

（三）人民法院出具的民事判决书等材料；

（四）对肇事逃逸、暴力伤害等无法确定第三人的，需提供公安机关出具的证明材料；

（五）由社会保险行政部门提供的第三人不予支付的证明材料；

（六）由职工基本医疗保险先行支付的情况材料；

（七）省、自治区、直辖市经办机构规定的其他资料。

第七十七条　业务部门核定先行支付的工伤保险待遇，对本规程第七十五条规定的情况先行支付由工伤保险基金支付的各项工伤保险待遇；对本规程第七十六条规定的情况先行支付工伤医疗费。

业务部门应建立先行支付工伤保险待遇台账，通知稽核部门追偿。

第七十八条　职工申请工伤保险先行支付必须经过工伤认定，按照本规程第五十四条由用人单位、工伤职工或近亲属申请进行工伤登记。

第六章　工伤待遇和专项费用支付

工伤待遇和专项费用支付包括工伤待遇支付、专项费用支付、工伤待遇调整等内容。

第一节　工伤待遇支付

第七十九条　业务部门应将工伤待遇核定结果通知申请工伤待遇的用人单位或工伤职工、供养亲属，履行告知义务。

第八十条　业务部门每月根据工伤待遇、待遇调整、待遇重核等相关信息，建立当月工伤职工待遇支付台账，生成《工伤保险基金支出核定汇总表》，转财务部门。

伤残津贴、生活护理费从做出劳动能力鉴定的结论次月起计发；供养亲属抚恤金从死亡的次月起计发，下落不明的从事故发生的第 4 个月起计发。

用人单位或工伤职工垫付的工伤医疗费可通过签订代发协议的商业银行进行支付；在工伤保险协议机构发生的费用可通过与工伤协议机构网上审核后进行直接结算并支付。

第八十一条　工伤职工在享受工伤待遇期间被判刑收监的，其工伤待遇仍按照原渠道支付。

第八十二条　业务部门应建立工伤待遇支付数据库，为工伤保险经办管理的宏观决策提供支持。

有条件的地区，对部分病种的工伤医疗（康复）费可实行按病种付费、治疗周期限额控制等付费方式，对工伤职工在统筹地区外发生的工伤医疗（康复）费用可实行异地结算。

第八十三条　向医疗保险基金拨付应由工伤保险先行支付的费用、向工伤职工先行支付工伤保险待遇、涉及第三人的先行支付的医疗费的可参照以上程序执行。

第二节　劳动能力鉴定费、工伤预防费支付

第八十四条　工伤职工进行劳动能力鉴定后，经办机构与劳动能力鉴定委员会应直接结算劳动能力鉴定费。

用人单位或工伤职工垫付劳动能力鉴定费的，可支付给用人单位或工伤职工。

第八十五条　工伤预防费用于工伤事故和职业病预防的宣传、培训、职业健康体检补助等项目。

业务部门根据社会保险行政部门制定的年度工伤预防工作计划，按照工伤预防费使用范围、项目，在费用指标范围内编制支出预算并根据支出计划按季度（月度）

提出工伤预防费支出申请，转财务部门。

经办机构按照当地劳动能力鉴定和工伤预防工作有关管理办法的规定，与政府采购中标的或有资质的受委托社会组织（机构）签订协议，明确双方的权利和义务，确保相关项目实施的效果和质量。

第八十六条　业务部门根据当地人民政府或社会保险行政部门、财政机关批准的工伤预防费项目预算，按季度（月度）核定支出项目金额，生成《工伤预防费支出明细表》，转财务部门支付。

第三节　工伤待遇调整

第八十七条　根据工伤待遇调整政策，业务部门对工伤职工或供养亲属的工伤待遇进行统一调整，并建立待遇调整台账。

第八十八条　业务部门可通过民政、卫生、公安等政府部门的证明，对工伤职工或供养亲属享受待遇资格定期验证，确定其继续享受待遇资格。

第八十九条　工伤职工或供养亲属不再具备享受工伤待遇的条件，工伤职工拒不接受劳动能力鉴定或拒绝治疗的，业务部门停止支付工伤待遇。

对待遇享受资格停止后又具备享受资格的，业务部门审核用人单位、工伤职工或供养亲属提供的相关资料，符合条件的恢复支付其工伤待遇。

第九十条　用人单位、工伤职工或近亲属、工伤保险协议机构对工伤待遇核定金额有异议提出复核的，业务部门应进行复核，确需调整的，予以调整。

第七章　财务管理

财务管理包括基金收入管理、支出管理 、会计核算、预算、决算等内容。

第一节　收入管理

第九十一条　由经办机构征收的工伤保险费，暂存于工伤保险费收入账户，每月月末全部转入财政专户。

由税务机关代征的工伤保险费直接纳入财政专户。

第九十二条　财务部门应定期与财政、税务机关进行对账。对账有差异的，须逐笔查清原因，调整相符。

第九十三条　财务部门根据省、自治区、直辖市人民政府制定的工伤保险储备金提取比例及管理办法预留工伤保险储备金（以下简称“储备金”），用于经办机构支付统筹地区重大工伤事故的工伤待遇。

第九十四条　财务部门在确保工伤待遇支付及储备金留存的前提下，根据工伤预防费的提取比例及使用和管理办法提取工伤预防费，用于开展工伤预防工作，专款专用。

第二节　支出管理

第九十五条　财务部门于每月月末根据基金支出计划制定下月用款计划，填制《工伤保险基金使用申请表》报同级财政机关审核，并确认资金到账情况。

财务部门对传来的支付凭证复核无误后及时办理支付。

第九十六条　对补助下级支出、上解上级支出、其他支出等款项，财务部门根据规定或支付凭证从“支出户”划拨或支付。

第九十七条 财务部门根据银行单据，将支出与退票情况及时反馈登记部门，登记部门对因银行开户信息错误造成退票的，重核银行开户信息，财务部门重新办理支付。

第九十八条 发生重大工伤事故，统筹地区工伤保险基金结余不足以支付工伤待遇时，财务部门填制《工伤保险储备金专项用款申请表》，报送财政机关审批，并按规定办理支付。

第九十九条 财务部门根据工伤预防费支出申请，填制《工伤预防费专项用款申请表》，报送社会保险行政部门、财政机关审批同意后，根据支出户开户行递送的银行单据确认到账。

财务部门根据《工伤预防费支出明细表》，将工伤预防费拨付到签订协议的委托单位。

第一〇〇条 对先行支付款项，按如下程序处理：

（一）用人单位或第三人在规定期限内偿还的，财务部门按相关规定处理；

（二）用人单位或第三人逾期未偿还或未足额偿还的，移交稽核部门进行核查并进行追偿；

（三）经人民法院判决破产或确无偿还能力的，经财政机关同意，财务部门按规定提请核销处理。

追偿办法及核销程序按照国家有关规定执行。

第三节 会计核算

第一〇一条 财务部门根据基金收入情况，做如下处理：

（一）由经办机构征收的，应根据开户行单据、专用收款收据、《工伤保险费实缴清单》，填制记账凭证；

由税务机关代征的，以财政专户开户行或税务机关传来的税收通用缴款书或税收完税凭证作为原始凭证，并根据税务机关传送的《工伤保险费实缴清单》，填制记账凭证；

（二）对“收入户存款”、“支出户存款”生成的利息，以开户行递送的利息单据作为原始凭证，填制记账凭证；

（三）对上级下拨、下级上解收入，以财政专户缴拨凭证作为原始凭证，填制记账凭证；

（四）对滞纳金等其他收入，根据银行回单或财政机关转来的财政专户缴拨凭证等，填制记账凭证。

第一〇二条 财务部门根据基金支出情况，作如下处理：

（一）对工伤待遇支出，根据《工伤保险基金支出核定汇总表》，由开户行递送的单据及《工伤保险基金支出退票明细表》，填制记账凭证；

（二）对先行支付的支出，按照《社会保险基金先行支付暂行办法》处理；

（三）对工伤预防费用的支出，按照《工伤保险预防费使用管理暂行办法》处理；

（四）对补助下级、上解上级和其他支出等，以开户行单据作为原始凭证，填制记账凭证。

第一〇三条　财务部门根据收付款凭证，按照业务发生顺序逐笔登记现金日记账、银行存款日记账，再按科目分类汇总记账凭证，制作科目汇总表，登记总分类账。

第一〇四条　每月月末，收到银行账户对账单后，财务部门与银行存款日记账核对，编制银行存款余额调节表，并将现金日记账、银行存款日记账、明细分类账与总分类账核对。

第一〇五条　财务部门根据总分类账、明细分类账等，编制月、季、年度会计报表。

第一〇六条　财务部门应按会计制度要求，不断优化部门内岗位设置及工作流程，在保证不相容岗位分离且无缝衔接的基础上，健全初审复核、轮岗互查、相互制约的风险控制机制。

经办机构可与开户行搭建数据交换专线，利用银行账户监控系统和风险预警系统，确保基金划拨及时、准确，切实保证基金安全。

第四节　预算

第一〇七条　由经办机构征收的，财务部门负责编制统筹地区工伤保险基金预算草案（以下简称“基金预算草案”），基金预算草案包含收入预算草案与支出预算草案。

由税务机关代征的，收入预算草案由财务部门会同税务机关编制。

第一〇八条　按照“以支定收、收支平衡”的原则，综合考虑统筹地区近年基金预算执行情况，编制下一年度基金预算草案。

收入预算草案要与本地区经济社会发展水平相适应，与社会平均工资增长相协调；支出预算草案应严格按照规定的支出范围、项目和标准进行测算，考虑政策、享受待遇人员等影响支出变动因素。

第一〇九条　统筹地区工伤保险基金预算（以下简称“基金预算”），由本级社会保险行政部门和财政机关汇总、审核后，联合报本级人民政府审批，报上级社会保险行政部门和财政机关。

统筹地区的经办机构将本级人民政府批准后的基金预算草案报上级经办机构。

第一一〇条　财务部门应及时分析基金预算执行情况，查明收支变化原因。预算年度终了，应对本年度基金预算执行情况进行分析评估，编制基金预算执行情况报告。

第一一一条　基金预算不得随意调整。由于执行中特殊情况需要增加支出或减少收入，与预算偏差较大的，财务部门要及时编制基金预算调整方案，由本级社会保险行政部门和财政机关汇总、审核后，联合报本级人民政府审批。

第五节　决算

第一一二条　统筹地区财务部门根据决算编制工作要求，于年度终了前核对各项收支，清理往来款项，同开户行、财政专户对账，并进行年终结账。

第一一三条 统筹地区财务部门根据本年度各账户余额，编制年终决算资产负债表和有关明细表，编写报表附注及收支情况说明书，对重要指标进行财务分析，形成年度会计决算报告，由本级社会保险行政部门和财政机关汇总、审核后，联合报本级人民政府审批，报上级社会保险行政部门和财政机关。

统筹地区的经办机构将本级人民政府批准后的基金决算草案报上级经办机构。

第一一四条 经办机构定期向社会公布工伤保险基金的收入、支出、结余和收益情况。

第八章 信息管理

信息管理包括统计、精算和信息系统建设等内容。

第一节 统计

第一一五条 工伤保险统计包括建立统计台账、编制统计报表、撰写分析报告等内容。

第一一六条 信息部门定期根据统计指标和统计分组，对数据进行整理加工，建立统计台账，依据社会保险统计报表制度要求，编制统计报表。

统计指标应根据政策变化及时调整完善。

第一一七条 经办机构根据统计台账和统计报表，对工伤保险运行情况开展分析，根据分析结果撰写分析报告。

第一一八条 经办机构应定期向社会公布工伤保险参保情况等信息。

第二节 精算

第一一九条 工伤保险精算包括工伤保险年度精算分析、工伤保险专项精算分析和其他日常测算分析等。

在工伤保险费率和待遇水平等进行调整时，应开展专项精算分析，支持政策决策，评估风险与效率。

第一二〇条 精算部门制定精算工作方案，采集精算数据，建立精算基础数据库和运行数据库，建立相关模型并设定合理的参数假设，开展精算分析工作。

第一二一条 精算分析涉及参数应以统筹地区相关数据为基础进行假设，在统筹地区数据不充分的情况下，可参照全国或情况相近地区的相关参数确定，但要对数据的可参照性及差异性进行对比分析。

每年要根据工伤保险运行状况的变化，对上年度参数假设进行科学评估，对未来的参数假设作出相应调整。

第一二二条 精算部门应对精算预测结果进行分析，以保证预测质量，分析的主要内容包括验证预测成果的可信程度、分析主要预测指标和评估预测的不确定性。

精算部门根据分析结果按相关技术标准撰写精算报告，阐述分析方法、提出专业结论和政策建议。

第三节 信息系统

第一二三条 经办机构应按照国家规划，建立社会保险经办信息系统。

第一二四条 信息部门根据本规程制定的业务流程，编制社会保险经办信息系统中工伤保险部分的业务需求。

第一二五条　经办机构通过信息沟通机制获取的各类信息，可作为社会保险登记、工伤保险费征缴、工伤待遇审核与社会保险稽核的信息比对依据。

第一二六条　信息部门按照《关于开展工伤保险联网指标上报工作的通知》（人社部函〔2008〕176号）数据采集、审核、转换以及数据质量检查，并将交换库数据和数据质量检查表上报上级信息部门。

第一二七条　经办机构应与社会保险行政部门建立资源共享的信息网络，共享工伤职工参保、缴费、工伤认定、劳动能力鉴定、工伤待遇等情况的信息。

第九章　稽核监督

稽核监督包括对外稽核与内部监督，其中对外稽核包含稽核内容、稽核程序与处理。

第一节　稽核内容

第一二八条　参保登记稽核包括：

（一）核查用人单位是否依法办理工伤保险参保登记；

（二）查验用人单位社会保险登记证，审查用人单位工伤保险登记、变更是否符合规定。

第一二九条　缴费稽核内容包括：

（一）对用人单位的缴费检查，核实该单位的营业执照（副本）或登记证、职工工资发放明细表、劳动工资统计台账、财务相关账册（银行存款日记账、银行对账单、明细分类账）和相应的原始凭证、社会保险缴费申报（核定）表等有关资料；

（二）对建筑施工企业，按照本规程第三十一条确定缴费标准的，还应检查其建筑工程合同，核实其项目工程总造价。

对餐饮业、服务业、娱乐业等小型服务业以及有雇工的个体工商户，按照本规程第三十一条确定缴费标准的，还应核实其营业面积或营业额；

对小型矿山企业，按照本规程第三十一条确定缴费标准的，还应核实总产量、吨矿工资含量。

第一三〇条　对于欠缴工伤保险费的用人单位，在缴费稽核中应进行缴费能力稽核，其内容包括：

（一）查验用人单位的货币资金发生额和余额，重点查阅现金和银行存款情况；

（二）查验用人单位的各类对外投资情况；

（三）查验用人单位的各类债权情况；

（四）查验用人单位的实物资产。

第一三一条　待遇支付稽核的内容包括：

（一）对工伤职工待遇享受资格，核查其居民身份证、户口簿、户籍所在地公安机关或街道、乡镇政府提供的生存证明；

（二）对供养亲属待遇享受资格，按照本规程第七十条规定核查；

（三）对工伤保险协议机构执行协议情况进行核查：

1. 核查工伤职工就医身份的真实性；

2. 核查工伤保险协议机构提供各种资料的真实性，诊疗是否与伤情相符，费用是否符合工伤“三目录”规定；

3. 核查工伤保险协议机构为工伤职工配置辅助器具的情况。

（四）实行联网结算的统筹地区，可对工伤保险协议机构执行协议情况进行实时监控。

第二节 稽核程序与处理

第一三二条 稽核部门按照年度稽核工作计划，采取以下方式确定稽核对象：

（一）从数据库中随机抽取或根据信息异常情况确定；

（二）根据举报、有关部门转办、上级交办和异地协查信函等确定；

（三）根据民政、卫生、公安等部门提供的职工生存状况变动情况确定。

第一三三条 稽核部门对工伤保险登记缴费的稽核处理包括：

（一）对未办理社会保险登记的用人单位，报请社会保险行政部门督促其参保登记；

（二）对欠缴的用人单位，经缴费能力稽核后，初步认定无能力偿还的，按照本规程第一〇〇条第（三）款的规定处理，并通知征缴部门；

（三）对稽核对象少报、漏报、瞒报缴费基数和缴费人数的，应责令其补足，并通知征缴部门；

（四）稽核对象拒绝稽核或伪造、变造、故意毁灭有关账册、材料，拒不缴纳社会保险费的，应报请社会保险行政部门依法处罚。

第一三四条 稽核部门对工伤待遇支付的稽核处理包括：

（一）对工伤职工或供养亲属丧失待遇享受资格后仍继续领取的，应通知财务部门停止支付，并会同财务部门追回冒领的工伤待遇；

（二）对工伤职工或供养亲属骗取工伤待遇的，应通知财务部门停止支付，并会同财务部门追回骗取的工伤待遇，报请社会保险行政部门依法处罚；

（三）对工伤保险协议机构违反服务协议，以欺诈、伪造证明资料、医疗文书或其他手段骗取基金的，应会同财务部门根据情节轻重作如下处理：

1. 暂停直接责任人为参保人员服务的资格；

2. 暂停或解除工伤保险协议机构服务协议；

3. 报请社会保险行政部门处理。

第一三五条 对逾期仍未缴纳或补足工伤保险费的，稽核部门可采用如下程序处理：

（一）向银行和其他金融机构查询其存款账户；

（二）经社会保险行政部门批准，书面通知其开户行或其他金融机构划拨工伤保险费；

（三）用人单位账户余额不足缴纳工伤保险费的，可要求该用人单位提供担保，签订延期缴费协议；

（四）用人单位仍未足额缴纳工伤保险费且未提供担保的，可申请人民法院扣押、查封、拍卖其财产以抵缴工伤保险费；

对先行支付工伤待遇的追偿可参照以上程序处理。

第一三六条 对追偿或退还的工伤待遇，稽核部门填写《追偿（退还）工伤待遇审核表》，转财务部门处理。

第三节 内部监督

第一三七条 内部监督是指稽核部门对经办操作的合规性、准确性进行检查，防范经办风险。

第一三八条 内部监督的主要内容包括：

（一）参保登记监督包含用人单位类型、风险类别、浮动费率等信息登记的准确性；

（二）缴费监督包含缴费基数调整、还欠经办操作合规性；

（三）工伤待遇支付监督包含工伤登记及变动等资料的真实性和完整性，工伤待遇审核支付管理的合规性；

（四）财务监督包含检查工伤保险基金收入、支出凭证，会计账簿，核对账证是否相符；

（五）省、自治区、直辖市经办机构规定需内部监督的其他内容。

第一三九条 内部监督的主要方法包括检查核对法、抽查法、面询法、网上监督法。

稽核部门对内部监督中发现的问题提出整改意见，并跟踪监督落实情况。

第十章 权益记录与服务

权益记录与服务包括记录与查询、业务档案等内容。

第一节 记录与查询

第一四〇条 根据《社会保险个人权益记录管理办法》，经办机构应建立数据库，按照及时、完整、准确、安全、保密的管理原则，记载用人单位、参保职工登记信息和缴费情况，记载工伤职工和供养亲属享受工伤待遇情况，记载其他反映社会保险个人权益的信息。

第一四一条 经办机构应建立个人权益查询管理信息系统，通过专门窗口、自助终端、电话、网站等方式为工伤保险参保职工提供缴费记录和待遇记录查询服务。

参保职工需要书面查询个人权益记录的，经办机构应按规定提供。

参保职工对社会保险个人权益记录存在异议时，可以向经办机构提出核查申请，经办机构应按规定进行复核。

第一四二条 经办机构应每年至少一次将参保职工的个人权益记录通过邮寄方式寄送本人，也可以通过电子邮件、手机短信等多种方式向参保职工发送个人权益记录。

经办机构对参保职工的个人权益记录承担保密责任，不得违法泄露。

第二节 业务档案

第一四三条 工伤保险业务档案（以下简称“业务档案”），是指经办机构在办理工伤保险业务过程中，直接形成的具有保存和利用价值的专业性文字材料、电子文档、图表、声像等不同载体的历史记录。

第一四四条　经办机构各部门按照《社会保险业务档案管理规定（试行）》（人社部令3号）的规定及时对业务文件材料进行收集、整理、立卷、归档，确保业务档案齐全、完整、有效，并定期移交档案部门。

第一四五条　档案部门应按照业务档案保管、保密、利用、移交、鉴定、销毁等管理要求，保证业务档案妥善保管、有序存放，严防毁损、遗失和泄密。

档案部门对经过鉴定可以销毁的档案，编制销毁清册，按程序报社会保险行政部门备案后销毁。

第一四六条　业务档案的保管期限分为永久和定期两类，各类业务档案的具体保管期限按照《社会保险业务档案管理规定（试行）》规定的《社会保险业务材料归档范围与保管期限》执行。

第一四七条　经办机构应对业务档案进行影像化处理，实行档案数字化管理。

第十一章　附则

第一四八条　对用人单位填写的表单，需经经办机构审核人、负责人签字或盖章。

对工伤保险申报缴费和待遇支付的核定结果需经审核人、负责人签字或盖章。

经办机构各部门之间传送的表单，需经办人、审核人、复核人、主管领导签字或盖章。

第一四九条　经办机构应规范票据管理，按照规定进行票据的填写、整理、保管等工作。

第一五〇条　在中国境内合法就业的外籍人员参加工伤保险，参照本规程经办。

第一五一条　各省、自治区、直辖市经办机构可根据本规程制定经办细则。

第一五二条　本规程由人力资源社会保障部负责解释。

第一五三条　本规程自发布之日起施行。

附录二 相关司法解释通知

关于北京市工伤保险基金支出项目标准及相关问题的通知

北京市人力资源和社会保障局

京人社工发〔2011〕384号

各区县人力资源和社会保障局，各区县财政局，市属各委、办、局，各用人单位：

为规范工伤保险基金的使用，确保工伤保险基金的安全，根据《工伤保险条例》《北京市实施〈工伤保险条例〉若干规定》（市人民政府〔2011〕第242号令）等有关规定，经市政府同意，对我市有关工伤保险基金的支出项目、具体标准及工伤保险待遇等相关问题，规定如下：

一、工伤保险基金应当按照国家和本市规定的项目和具体标准支出，任何地区、部门、单位和个人不得以任何借口增加支出项目和提高支出标准。

二、工伤保险基金支出的具体项目包括：

（一）工伤医疗费用：

1. 工伤医疗费；

2. 住院伙食补助费；

3. 跨统筹地区就医的食宿、交通费；

（二）因工伤残费用：

1. 一至四级工伤职工伤残津贴；

2. 一次性伤残补助金；

3. 生活护理费；

4. 终止或者解除劳动关系时的一次性工伤医疗补助金；

（三）因工死亡费用：

1. 丧葬补助金；

2. 供养亲属抚恤金；

3. 一次性工亡补助金；

（四）劳动能力鉴定费；

（五）工伤康复费用；

（六）配置辅助器具费用；

（七）工伤预防费；

（八）工伤保险储备金；

（九）其他法律、法规规定应由工伤保险基金支付的费用。

三、职工住院治疗工伤的伙食补助费，标准为每人每天30元。

四、经工伤保险协议医疗机构出具证明，报经办机构同意，到统筹地区以外就医治疗工伤的工伤职工，所需交通费实行凭据报销。工伤职工应选择普通公共交通工具（如道路客运班车，火车硬座、硬卧和软卧、轮船三等舱位等）出行。因伤情特殊需要选择非普通交通方式的，需报经所在地区工伤保险经办机构同意。

所需食宿费实行定额包干与在规定限额标准内凭据报销相结合的方式。其中："住宿费"开支标准上限为每人每天150元，按经办机构核定的天数在规定限额标准内的凭据报销，实际住宿费超过规定限额标准的，按"住宿费"开支标准上限报销。"伙食费"实行定额包干，标准为每人每天50元。

五、工伤职工在终止或者解除劳动关系时，其领取的一次性工伤医疗补助金具体标准为解除或者终止劳动关系时3至18个月的本市上年度职工月平均工资。其中五级18个月，六级15个月，七级12个月，八级9个月，九级6个月，十级3个月。

用人单位应当支付的一次性伤残就业补助金，按上述标准执行。

六、工伤保险基金应当按照当年工伤保险基金收支结余的10%提取储备金，其滚存总额超过当年工伤保险基金收入的30%时，不再提取。工伤保险储备金存入工伤保险基金财政专户，用于重大、特大事故的工伤保险待遇支付。储备金在工伤保险基金中单独列支。储备金不足以支付时，先动用历年结余解决，当历年结余不足以支付时，由市财政垫付。

重大、特大事故是指用人单位发生一次死亡三人及以上或者重伤八人及以上的事故。

七、工伤职工的下列工伤保险待遇由用人单位负责，不得在工伤保险基金中列支：停工留薪期间的工资福利待遇；停工留薪期间的生活护理费用；五级、六级伤残职工的伤残津贴；终止或者解除劳动关系时的一次性伤残就业补助金。

八、用人单位未参加工伤保险的，工伤职工应当享受的工伤保险待遇，由用人单位按照国家和本通知规定的项目和标准支付。

九、由于国家出台新的项目标准或者根据本市实际情况，需要对本通知规定的工伤保险基金项目支出标准进行调整的，由市社会保险行政部门会同市财政部门制定具体调整方案，报市政府同意后执行。

十、本通知自《北京市实施<工伤保险条例>若干规定》（市政府第242号令）公布之日起施行。

北京市人力资源和社会保障局

二〇一二年一月六日

人力资源社会保障部关于执行《工伤保险条例》若干问题的意见（二）

人社部发〔2016〕29号

……

二、达到或超过法定退休年龄，但未办理退休手续或者未依法享受城镇职工基本养老保险待遇，继续在原用人单位工作期间受到事故伤害或患职业病的，用人单位依法承担工伤保险责任。

用人单位招用已经达到、超过法定退休年龄或已经领取城镇职工基本养老保险待遇的人员，在用工期间因工作原因受到事故伤害或患职业病的，如招用单位已按项目参保等方式为其缴纳工伤保险费的，应适用《工伤保险条例》。

……

最高人民法院行政审判庭关于超过法定退休年龄的进城务工农民在工作时间内因工伤亡的，能否认定工伤的答复

〔2012〕行他字第13号

江苏省高级人民法院：

你院（2012）苏行他字第0902号《关于杨通诉南京市人力资源和社会保障局终止工伤行政确认一案的请示》收悉。经研究，答复如下：

同意你院倾向性意见。相同问题我庭2010年3月17日在给山东省高级人民法院的《关于超过法定退休年龄的进城务工农民因工伤亡的，应否适用〈工伤保险条例〉请示的答复》(〔2010〕行他字第10号）中已经明确。即，用人单位聘用的超过法定退休年龄的务工农民，在工作时间内、因工作原因伤亡的，应当适用《工伤保险条例》的有关规定进行工伤认定。

此复。

二〇一二年十一月二十五日

最高人民法院行政审判庭关于超过法定退休年龄的进城务工农民因工伤亡的，应否适用《工伤保险条例》请示的答复

〔2010〕行他字第10号

山东省高级人民法院：

你院报送的《关于超过法定退休年龄的进城务工农民工作时间内受伤是否适用〈工伤保险条例〉的请示》收悉。经研究，原则同意你院的倾向性意见。即：用人单位聘用的超过法定退休年龄的务工农民，在工作时间内、因工作原因伤亡的，应当适用《工伤保险条例》的有关规定进行工伤认定。

此复。

二〇一〇年三月十七日

最高人民法院行政审判庭关于离退休人员与现工作单位之间是否构成劳动关系以及工作时间内受伤是否适用《工伤保险条例》问题的答复

〔2007〕行他字第6号

重庆市高级人民法院：

你院（2006）渝高法行示字第14号《关于离退休人员与现在工作单位之间是否构成劳动关系以及工作时间内受伤是否适用〈工伤保险条例〉一案的请示》收悉。经研究，原则同意你院第二种意见，即：根据《工伤保险条例》第二条、第六十一条等有关规定，离退休人员受聘于现工作单位，现工作单位已经为其缴纳了工伤保险费，其在受聘期间因工作受到事故伤害的，应当适用《工伤保险条例》的有关规定处理。

此复。

二〇〇七年七月五日

中共中央办公厅、国务院办公厅转发《中央组织部、中央宣传部、中央统战部、人事部、科技部、劳动保障部、解放军总政部、中国科协关于进一步发挥离退休专业技术人员作用的意见》的通知

中办发〔2005〕9号

四、……离退休专业技术人员受聘工作期间，因工作发生职业伤害的，应由聘用单位参照工伤保险的相关待遇标准妥善处理；因工作发生职业伤害与聘用单位发生争议的，可通过民事诉讼处理；……

参考文献

[1] 国务院法制办公室. 工伤保险条例（实用版）[M]. 北京：中国法制出版社，2006.

[2] 《工伤事故与职业病预防宣传培训教材》编写组. 工伤事故与职业病预防宣传培训教材[M]. 北京：中国劳动社会保障出版社，2015.

[3] 汪建锋. 工伤预防权益保障读本[M]. 北京：中国劳动社会保障出版社，2019.

[4] 《工伤预防宣传手册》编委会. 工伤预防宣传手册[M]. 北京：中国劳动社会保障出版社，2019.

[5] 东莞市社会保障局. 制造行业工伤预防指导规范[M]. 北京：中国劳动社会保障出版社，2019.

[6] 人力资源和社会保障部工伤保险司. 建筑业职工工伤保险手册（视听版）[M]. 北京：中国劳动社会保障出版社，2018.

[7] 工伤预防知识普及丛书编写组. 工伤预防之事故应急与救护知识[M]. 北京：中国劳动社会保障出版社，2014.